1章
カラーフィルムで記録された
阪急京都線、
千里線、嵐山線

桂川橋梁を渡る5300系8両の急行梅田行。5100系の京都線用として作られ、形態は3300系を引き継いでいる。従来京都線車両の車番は「1」から始まっていたが、本形式より「0」から始まることになった。
◎西京極〜桂　1986（昭和61）年8月　撮影：山田 亮

阪急京都線の歴史

山田 亮

阪急における「新参者」

阪急電鉄の歴史を紐解こう。そのルーツともいえる箕面有馬電気軌道は1907(明治40)年10月19日に設立された。同社設立に際し、三井財閥から送り込まれた小林一三(1873-1957)が会社経営、沿線開発に手腕を発揮したことはよく知られている。1910(明治43)年3月10日、梅田-宝塚間および石橋-箕面間が開通したが、沿線は純然たる農村地帯であるため乗客は少なく、沿線住宅地の開発分譲、後に宝塚歌劇に発展するレジャーランドの開発、ターミナルデパートの経営などで乗客の誘致に努めた。小林の理念である「乗客は電車が創る」は後に民鉄各社に共通するビジネスモデルとなった。

次に都市間輸送への進出である。大阪-神戸間、つまり阪神間にはすでに国鉄、阪神電気鉄道(1905年4月開通、大阪出入橋-神戸三宮間)があった。阪神は路面電車形態だが車両は大形で専用軌道区間が長く、海側の集落を結んでいた。それに対し、箕面有馬電軌は国鉄東海道線北側の六甲山麓に広がる高台に目をつけ、阪神間を直線で結び、あわせて沿線を開発することを目論んだ。単なる郊外電車にとどまらないという決意の表れである。

神戸への延長は西宮-神戸間の敷設免許(特許)を取得していた「灘循環電軌」からの免許譲受をめぐって阪神電気鉄道と裁判になったが箕面有馬側が勝訴し、1918(大正7)年2月、同社は阪神急行電鉄(阪急)と社名を改めた。1920年7月16日、梅田-上筒井(現在の兵庫県福祉センター付近、神戸市王子動物園の西側)間が開通した。神戸市中心部への開通は地下線を主張する神戸市との協議が遅れ、1936(昭和11)年4月1日に西灘(現・王子公園)-神戸(現・神戸三宮)間が高架線で開通した。

現在の京都線は後述するように京阪電気鉄道系列の北大阪電気鉄道、新京阪鉄道により開通し、後に京阪に合併し京阪電気鉄道新京阪線となった。戦時中の阪急、京阪の統合を経て阪急(当時は京阪神急行電鉄)の一員となったのは戦後の1949(昭和24)年12月のことである。戦後も1970年代あたりまでは「阪急らしくない」「阪急化が遅れている」との声も強かったが、ファンにとってはそれが京都線の魅力でもあった。

新京阪鉄道の開通

京都-大阪間、つまり京阪間には国鉄と京阪電気鉄道がすでに開通していた。京阪電気鉄道は1906(明治39)年11月19日に創立され、淀川左岸の京街道沿いに建設され1910(明治43)年4月15日に京都五条-大阪天満橋間が開通し、阪神と同じく大型路面電車形態で集落を縫うように建設された。

淀川右岸の西国街道沿いには国鉄があったが蒸気列車であり、電車によるフリークエントサービスを望む声が強くなり、電気鉄道の免許申請が相次いだ。京阪電気鉄道では自社路線の防衛のため1918年4月に淀川右岸支線の免許を申請した。このルートは野江付近で分岐して淀川を渡り、吹田、茨木、高槻を経由して山崎付近で淀川を渡り、淀付近で本線に合流するものであった。山崎から京都市内四条大宮への路線も追加出願した。1919年に京阪電気鉄道に路線免許が交付され、京阪系列の会社として新京阪鉄道が1922(大正11)年6月28日に設立された。一方、千里山付近の沿線開発を目的とする北大阪電気鉄道により十三-千里山間が1922年10月に開通した。同社は淡路-天神橋間の路線免許を有していたため、創立間もない新京阪鉄道は1923年4月に北大阪電気鉄道の運輸事業を取得した。

新京阪鉄道は1925(大正14)年10月15日、淡路-天神橋間が開通し天神橋を大阪側のターミナルとした。1928(昭和3)年11月1日に淡路-西院(地上の仮駅)まで開通した。これは昭和天皇即位の「御大典」に間に合わせるためだった。同年11月9日には嵐山線桂-嵐山間が開通している。だが、沿線人口の少ない新京阪鉄道の経営は苦しく1930年9月15日に京阪電気鉄道は新京阪鉄道を合併し同社新京阪線となった。1931(昭和6)年3月31日に西院(仮)-京阪京都(現・大宮)間が開通した。

高速を誇るデイ100形

新京阪鉄道は将来の名古屋延長を見越して直線の多い高規格路線として建設された。「P-6」と呼ばれた電動車デイ100形、制御車フイ500形は150kw主電動機を装備し車体長19m(連結面間)、車体幅2845mmで当時としては「超大型」で1927〜29年に73両製造された。アメリカ式の押し出し式貫通幌も特徴である。

1930(昭和5)年4月21日、天神橋-西院(仮)間にノンストップの特急運転を開始し、所要時間は34分30秒だった。1931年3月の京都(大宮)延長時も所要時間は変わらなかった。最高速度は110km/h。国鉄(省線)の最高速度が95km/hの時代にあって

100km /hを超える高速運転は関西私鉄だけであり、関東私鉄では論外であった。

1934(昭和9)年4月から天神橋－京都間急行(2両)に十三発着車両(1両)を連結して十三－京都間急行が運転開始され阪急と連絡した。淡路での分割、併合は短時間で行われ、100系の押し出し式貫通幌が威力を発揮した。

名古屋急行電気鉄道の計画

新京阪が高規格路線となった背景には名古屋延長計画があった。1920年代(大正末期からから昭和初期)にかけて長距離私鉄ブームが起き、敷設免許申請が相次いだ。実現した路線として参宮急行電鉄(近鉄大阪線)、愛知電気鉄道(名鉄名古屋本線)、小田原急行鉄道(小田急電鉄)、東武鉄道日光線などが挙げられる。名古屋急行電気鉄道もその一つで、1928年6月に京阪電気鉄道、新京阪鉄道が鉄道省に路線免許を申請し、翌1929年6月に交付され、工事施工認可申請期間は1931年12月までとされた。

計画では新京阪線に乗り入れて名古屋－大阪(天神橋筋六丁目)間154.3kmを急行2時間、普通3時間で結び、経由地は佐屋、野代、三里、八日市、草津、大津、京都(山科深草)、向日町、淡路で新京阪線との分岐は西向日町(現・西向日)が予定された。だが、昭和初期の「昭和大恐慌」の影響で資金調達が困難で着工に至らず、1935年8月に免許返納となった。

歴史に「もしも」はあり得ない。だが、参宮急行(近鉄)が1931年3月に大阪－伊勢間が全通していることを考えると、京阪系列の名古屋急行も昭和初期の大不況がなければ実現した可能性があった。実現していれば阪急、京阪、近鉄そして名鉄のその後の経営形態や路線網に大きな影響を与えたことは言うまでもないが、デイ100系をさらにグレードアップした電車が疾走し、今では最高130～140km/hで名阪間を1時間30分以内で結んでいたであろう。鈴鹿山脈を貫く長大トンネルが建設されたはずで、そのルートをGoogle Earthの航空写真を見ながらあれこれ想像することは楽しい。

阪急、京阪の合併と分離

第二次大戦中の1943(昭和18)年10月1日、阪神急行電鉄と京阪電気鉄道が合併し京阪神急行電鉄となった。これは運輸行政当局の指導による地域ブロック別合併の一環で命令に等しい「勧奨」で行われたもので、両社が合併を希望したわけではなかった。阪神と阪急は同じ地域にもかかわらず合併されなかったが、その理由は今でも明らかではない。

その成果?が新京阪線の梅田乗り入れで1944年4月から宝塚線に乗り入れる形で実現した。終戦直前の1945年6月には中止となるが、戦後の1948年8月に再開された。

戦後になり、木に竹を継いだともいわれたこの合併は崩れた。同じく戦時中に統合された近畿日本鉄道から南海が分離し(1947年6月)、関東でも東京急行電鉄から小田急、京浜、京王が分離した(1948年6月)。京阪神急行においても京阪を分離しようとする動きが強くなったが、新京阪線の扱いが問題になった。京阪関係者は京阪への帰属を主張したが、結局阪急側に残ることになった。同社の役員構成は阪急出身者が京阪出身者より多かったから阪急側の主張が通ったといわれる。その理由として「当社は淀川を挟んで神戸線、宝塚線、新京阪線などの西部ブロックと京阪線、京津線などの東部ブロックに分かれるが、今後は国鉄と平行する西部ブロックに重点を置かざるを得ない、旧京阪線の改善は後回しになる恐れがあり、新京阪線は京阪神急行電鉄が保有し、新会社である京阪電気鉄道は旧京阪線などの改善に専念するのが適当である」とされた。要するに、国鉄との競争のため新京阪線は京阪神急行(阪急)として一体的に経営することが適当ということだが、新京阪線を阪急に残すための牽強付会的な主張との見方もでき、手塩にかけて育てた新京阪線を手放す京阪関係者の悔しさは察するに余りある。この問題を筆者なりに考えると戦時中に一時的に行われ、戦後に復活した梅田乗り入れが新京阪線の運命を決めたと言えるだろう。梅田のターミナルとしての便利さは群を抜いており、天神橋とは比較にならない。

阪急の一員として再出発

1949(昭和24)年12月1日に京阪神急行電鉄(阪急)は京阪電気鉄道を分離し、新京阪線は阪急の一員となり、京阪神急行電鉄京都線となった。だが、車両は新京阪以来の100系が中心で神戸線、宝塚線とは明らかに異なり「新京阪色」が強かった。ここで1950～60年代の京都線の車窓風景を再現しよう。

十三で神戸線、宝塚線と別れるとしばらくはカーブが続くが、淡路を過ぎたあたりから家が少なくなり、車窓には田園地帯が広がり一直線で高速で走り抜ける。西側には国鉄吹田操車場が距離を置いて遠望できる。車庫のある正雀と茨木市の間には駅がなく、沿線にいかに人家が少ないかを物語る。宝塚線や神戸線のような計画的宅地開発も見られない。駅の周辺は市街地だが雑然とし、阪神間に見られる瀟洒な洋館などの「阪神間モダニズム」もこのあたりまでは及んでいない。これが「阪急らしくない」と言われるゆえんだろうか。高槻市を過ぎると国鉄がふたたび山側から近づいてくる。間に人

家はなく国鉄電車特急、急行、快速（80系、後に113系）と抜きつ抜かれつの競争だ。お互い100km/hを越えている。天王山が近づき山崎の古戦場を通過。反対側を見渡すと桂川、宇治川が淀川となる合流点が広がり、対岸には京阪が見える。大山崎の先で国鉄の下をくぐり、たいていは阪急が抜き去る。京都盆地へ入り「西山」の連なりが京都へ来たことを感じさせる。桂で嵐山線が立体交差で分岐し、桂川を渡り地下線で京都市内へ。

京都線特急の復活

　1950（昭和25）10月1日改正で天神橋－京都（現在の大宮、阪急京都とすべきだが京都と称した）間特急が運転開始され60分間隔、ノンストップ36分で結んだ。車両はクロスシートが復活した100系2両編成だったが、天神橋は不便で利用は少なく1953年7月から昼間は運転休止となった。一方、1950〜51年に登場した京都線用710系は第1次車（2両編成5本）が固定クロスシート車だが、主として急行に使用された。

　ここで当時運転された神戸（現・神戸三宮）－京都間神京特急、宝塚－京都間京宝「歌劇」特急（今津線経由）について述べると、神京特急は1949年12月から不定期で運転開始され、神戸線用700系（後の800系）のうち2編成4両を複電圧に改造して使用され、1950年10月から定期化された。京宝「歌劇」特急は1950年3月から不定期で休日に運転開始され、車両は神京特急と同じだった。神京特急、京宝特急は1951年1月からあらたに登場した神戸線用複電圧車810系が加わった。神京特急は利用が少なく1951年10月から運転休止となったが、京宝特急は810系、1952年から710系も加わり不定期で1968年2月まで運転された。

　1956（昭和31）年4月16日改正で京都線特急の梅田（現・大阪梅田）乗り入れが開始され、日中30分間隔でノンストップ38分運転、主として710系クロスシート車が使用された。同時に天神橋－京都間特急が廃止され、天神橋のローカル化が進んだ。1957年には京都線初の高性能車1300系が登場し、第1編成（←梅田）1301－1351－1302は固定クロスシートで特急運用に加わった。

　京都線列車は一部を除き十三から宝塚線に乗り入れ梅田まで運転されていたが、十三－梅田間は宝塚線の線路増設として1959（昭和34）年2月18日に開通し、同区間は京都、宝塚、神戸線が並走する民鉄初の3複線区間となった。京都線特急は110km/h運転が始まり所要37分（途中ノンストップ）となった。

　1961年1月16日改正からすべての特急が十三に停車し38分運転となった。同時に朝夕の時間帯に通勤特急が登場し高槻市停車となった。

京都線の河原町延長

　1963（昭和38）年6月17日に京都線大宮－河原町（現・京都河原町）間が開通した。大宮はそれまで京都と称していたが国鉄京都駅とは別の場所で観光客などは混乱したと思われる。この延長は新京阪時代に路線免許を取得していたもので、四条通りに地下線で建設された。終点河原町から京阪四条（現・祇園四条）まで鴨川を渡り徒歩5分くらいだ。

　河原町延長で特急は2300系ロングシート車が主として使用され、従来の710系、1300系、時には100系も使用された。梅田－河原町間は所要42分となった。だが乗客は会社が期待したほど増えなかった。ライバルの京阪特急に直通客が流れたからである。京阪では同年4月に大阪の中心部淀屋橋まで延長され、2ドア・転換式クロスシートの1900系「テレビカー」が登場した。阪急の河原町延長に先手を打ったことになる。これが、翌1964年の2800系登場につながる。

2800系の登場

　阪急としても安閑としていられない。数年後には千里山線の北千里延長が予定され、そのための増備車を先取りする形で2300系を2ドア、ドア間転換式クロスシートにした特急車を登場させることになった。これが2800系で性能的には2300系と同じで併結も可能で、実際に併結されて運転されたこともある。

　1964（昭和39）年5月、2800系第1編成（←梅田）2801－2851－2811－2831－2861（3M2T）が運転を開始し、同年9月までに3編成が登場。翌1965年には3編成が増備されあわせて6編成（5両編成6本）となった。これにより特急は2800系および2300系での運行が可能になり、同年7月から所要39分となった。翌1966年にはさらに1編成が増備されて7編成になり、同時に6両化されて7編成42両となった。2800系投入の効果で乗客は増加し、1968〜69年に7両化、1971〜72年に8両（4M4T）化され、最終的に2800系は56両（8両編成7本）となった。1971〜72年には冷房化された。

　1971（昭和46）年11月28日、京都線が梅田駅新ホームに移行し特急の所要時間が38分となった。同年にはライバルの京阪特急に3000系が登場し、冷房、オール転換式クロスシートで名物のテレビはカラーとなった。当時3Cという言葉が流行し「カー、クーラー、カラーテレビ」が豊かな生活の象徴といわれ、京阪3000系はそれらを兼ね備え（当然ながら車輪付き！）3Cの京阪3000系と言われた。

　国鉄では1970年10月から京都－西明石間に新快速が登場した。113系使用で昼間時60分間隔でライバルにはなりえなかったが、山陽新幹線岡山延長

の1972年3月改正時から草津－姫路間に延長され、京都－西明石間は15分間隔になった。車両は急行から転用した153系をアイボリーに青帯に塗り替え「ブルーライナー」と称した。中古車で昼間時だけの運転だが当時の国鉄としては精一杯のサービスだった。

1973年3月には新京阪以来の名車100系が引退した。同年4月1日からは京阪神急行電鉄は阪急電鉄と改称された。

6300系の登場

2800系は阪急の看板特急として一日の走行キロが最大で830kmにも及ぶ過酷な運用をこなしていた。7編成あるが、検査時や工場入場時には1～2編成がロングシートの2300系、5300系（1972年登場）で代走していた。ロングシート車に「当たった」乗客の不満は強く特急車を1編成増備することになった。増備にあたり京阪3000系への対抗の意味もあり新形式特急車6300系が登場した。

6300系は性能的には5300系と同じで、運転台直後を除き転換クロスシートとなった。ドアは両開きだが車端部に寄せられ、長距離列車の雰囲気がただよっている。塗装もマルーン一色から屋根部分が白に近いベージュになり、正面に飾り帯が付いてイメージが一新された。6300系は1975（昭和50）年7月に第1編成（←梅田）6350－6800－6900－6850－6860－6810－6910－6450（4M4T）が運転開始された。6300系は好評で、2800系も6300系に置き換えられることになった。翌1976年2月から1978年9月にかけて7編成が登場し、合計8編成64両となり、2800系は順次3ドア・ロングシート化され急行、普通に転用された。

1982（昭和57）年11月改正で高槻市、茨木市付近の高架化工事および桂駅構内の配線変更工事（嵐山線と上り本線の立体交差をなくす）のために特急の所要時間が延長され、下り（梅田方面）42分、上り（河原町方面）40分となった。それに伴い特急の車両運用が1列車分増えるため、1編成増備することになった。増備車は7300系と同様の界磁チョッパ制御、回生ブレーキ付とし、編成は（←梅田）6330－6930－6950－6960－6970－6980－6830－6430（4M4T）で、両端が電動車で中間に付随車（T車）を4両挟んだ。梅田方先頭の制御電動車6330は下枠交差型パンタグラフを2基搭載し、6300系の新しい顔となった。この編成は6330形とも呼ばれ1984年1月から運転開始された。6300系は最終的に9編成72両となった。

ライバルの京阪では東福寺－三条間の地下化が1987年5月に開通、引き続き三条－出町柳間「鴨東線」が1989年10月に開通し、同時に8000系特急車が登場している。

特急の停車駅増加

1989（平成元）年12月16日改正で通勤特急が増発され、昼間は特急20分間隔、急行、普通が10分間隔となり、6300系も急行の一部に使用されるようになった。1993（平成5）年2月21日改正は、高槻市、茨木市付近の高架化工事完成に伴う改正で、特急の所要時間が39分となった。同時に土曜ダイヤが導入され夕方以降の特急はすべて通勤特急となった。

京都線特急は長年にわたり十三－大宮間ノンストップだったが、1997（平成9）年3月2日改正から特急は全列車高槻市停車となって所要40分となり、通勤特急の名は消えた。

2001（平成13）年3月24日改正で特急は昼間時10分間隔、十三、茨木市、高槻市、長岡天神、桂、烏丸停車となって大宮は通過となった。特急の実質的な急行化で所要42分となった。所要編成が増えたため6300系のほかロングシート車（5300、7300、8300系）も使用された。

9300系の登場

9300系は3ドア・転換クロスシート、VVVFインバーター制御で、2003年10月に第1編成（←梅田）9300－9850－9870－9880－9890－9860－9800－9400（4M4T）が運転開始された。前面デザインは8300系を柔和にしたような「顔」である。この9300系は当初は特急運用のロングシート車を置き換える目的で2005年までに3編成が登場したが、停車駅増加で2ドアの6300系では途中駅の乗降に支障をきたすようになったため、9300系を増備して6300系を置き換えることになった。9300系は2008年7月から2010年2月までに8編成が登場し、合計11編成88両となった。それに伴い6300系は3ドア化されることなく2010年1月に運行が終了したが、同年2月21日から28日まで定期特急として運行され「お別れ運転」を行った。その後は6両編成1本（6354－6804－6904－6814－6914－6454）が「京とれいん」として2022年12月まで運行された。4両編成3本（梅田方6351、6352、6353の編成）は転換クロスシートを1人掛プラス2人掛に改造し、ロングシート部分を増やして嵐山線で運行された。

2010（平成22）年3月14日改正から、特急停車駅に淡路が追加され、特急は最高115km/h運転となり、所要42分となった。

その後の変化は省略するが、6300系は4両編成3本が嵐山線で運行を続けている。阪急電鉄では2024年に京都線の特急、準特急、通勤特急で有料座席指定サービスを導入すると発表している。詳細発表が待たれる。

沿線案内図

（所蔵・文：生田誠）

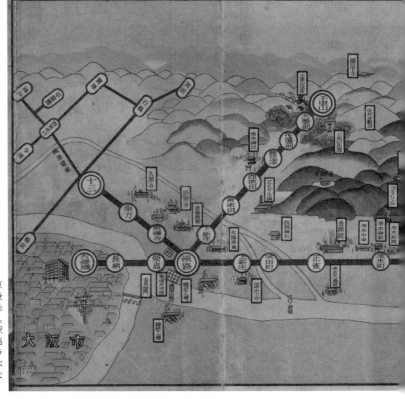

【新京阪路線図（昭和戦前期）】
新京阪電車の沿線案内図である。この時期、京都側の起終点駅は京都西院駅であったが、今後の地下鉄道として、四条大宮〜四条烏丸〜四条河原町間の延伸を目指していたことがわかる。一方で、大阪側では天神橋駅が本線の起終点駅であり、十三駅で阪急電車と連絡していた。当時、国鉄（現・JR）の東海道本線、京阪電車がライバル線であったが、沿線の開発は他線に比べて遅れており、沿線住宅地の開発や工場誘致などはこれからの課題だった。

【京阪電鉄路線図（昭和戦前期）】戦前には淀川の左岸、右岸に路線を持っていた京阪電車。京阪間で並行する国鉄路線（東海道本線）は無視して、自社の2路線を強調して描いた沿線案内図であり、「新緑の」というタイトルがあるように、沿線に緑色の森林や緑地が広がる様子が描かれている。特筆すべき施設は、京阪のひらかた遊園に匹敵する、新京阪線の千里山花壇で、規模や内容は遜色なかった。また、新京阪線では沿線にいちご園が多く、東向日町駅、長岡天神駅、正雀駅、花壇町駅付近に見えている。

新京阪電車沿線案内圖

【阪急路線図（京都線部分）（昭和戦後期）】
阪急（京阪神急行電鉄）の一部となった、京都線部分の路線図である。
白地に黒線で路線が示されたもので、沿線の観光地がカラーのイラス
トで描かれている。本線では西京極球場や桂離宮、長岡天神などが見
え、嵐山線では渡月橋、嵐山レストハウス、千里線では摂津峡、ポンポ
ン山がある。現在の駅と比較すると、西山天王山駅、摂津市駅がない
ことがわかる。ここでも東海道新幹線、名神高速道路は細い線で示さ
れているものの、東海道本線の存在は無視されている。

沿線の絵葉書（所蔵・文：生田誠）

【新京阪の天神橋駅（昭和戦前期）】京阪間に路線を延ばしていた「新京阪電車」が、大阪側の起終点駅として開設した天神橋駅。現在の天神橋筋六丁目駅の前身で、ターミナル駅として豪壮な駅ビルが用意された。まず1925（大正14）年に仮駅で開業した後、翌（1926）年に本駅として誕生した。新京阪鉄道が京阪電鉄と合併した後、屋上の看板は「新京阪電車」から「京阪電車」に変わっている。戦後は阪急の天神橋駅となり、1969（昭和44）年に地下駅に移って、駅名も天神橋筋六丁目駅と改称。この駅ビルは、2010（平成22）年に取り壊された。

【茨木町の中心部（明治後期）】江戸時代には、幕府の天領だった茨木。かつての茨木城跡、茨木神社付近を中心に街が発達し、現在は人口約28万9000人の中枢中核都市に指定されている。これは明治後期、茨木町だった頃の中心部で、2階建ての家屋が並ぶ街並みと推定される。

【総持寺の仁王門（明治後期）】
茨木市にある真言宗高野山派の寺
院、総持寺。西国三十三所第22番
札所となっており、境内の建物は
天正年間の兵火で焼失した後、江
戸時代以降に再建されている。こ
の仁王門（表門）は現在、茨木市指
定有形文化財となっている。

【高槻・八丁（町）松原（明治後期）】
江戸時代、高槻藩主だった永井直
清が、西国街道から高槻城へ向か
う街道を整備した場所は、約八丁
（900メートル）あったことで、「八
丁松原」と呼ばれた。高槻市には
「八丁畷町」という地名も残されて
おり、阪急京都本線の高架下付近
には石碑が建てられている。

【水無瀬神宮の表参道
（昭和戦前期）】
大きな石柱と石鳥居が出迎えてく
れる三島郡島本町の水無瀬神宮。
後鳥羽上皇の離宮があった場所に
建てられており、境内には国の重
要文化財に指定されている茶室の
燈心亭があるほか、国宝に指定さ
れている「紙本著色後鳥羽上皇像」
ほかの文化財も伝えられている。

【大日本紡績山崎工場
（昭和戦前期）】
大日本紡績（現・ユニチカ）の山崎
工場は1926（大正15）年、現在の
大阪府島本町に山崎絹糸工場とし
て創業し、翌（1927）年に絹布工場、
晒加工工場を新設して、山崎工場
と改称している。これは「作業場
ノ三」と題された絵葉書で、絹布
工場で作業する人々を撮影したも
のか。大日本紡績の合併、改称を
へてユニチカ山崎工場となり、現
在は大阪染工株式会社となってい
る。

【西院駅（昭和戦前期）】
新京阪（現・阪急京都）線が1931（昭
和6）年に現在の大宮（当時・京阪
四条）駅まで延伸した際、西院駅は
中間駅となり、地下化された。こ
れはその延伸開業の記念品として
発行された、2枚組の絵葉書大カー
ドのうちの1枚で、立派な畳紙（た
とう）に収められている。超特急
のヘッドマークをつけて、ホーム
（昭和9年）に入ろうとする列車が
写されている。

【四条大宮のトロリーバス
（昭和戦前期）】
四条大宮交差点の北東に建てられ
ていた京阪京都（現・大宮）駅の地
上駅舎が見える貴重な絵葉書であ
る。その前では、1932（昭和7）年
に開業した京都市営のトロリーバス
が大きく旋回している。京都市
営トロリーバスは、四条通の四条
大宮と西大路四条（西院）の間を結
んでおり、戦後に松尾橋まで延伸
したものの、1969（昭和44）年に
廃止された。

【新京極（昭和戦後期）】喫茶店、料理店、土産物店が建ち並ぶ新京極の風景で、英語で「京都のショッピングセンター」と書かれている。土産物の看板で目立つのは「聖護院八ツ橋」。京都を代表する和菓子で、ルーツは江戸時代の1689（元禄2）年とされるが、その起源（発祥）についてはさまざまな説が存在し、近年に商店間で裁判沙汰になったことは記憶に新しい。

【祇園石段下（昭和戦前期）】祇園石段下の八坂神社西門の狛犬の側から、四条通りを見た風景で、「大京都」シリーズの絵葉書セットの1枚である。この先、道路右手奥に見えるレストラン菊水の先、鴨川に架かる四条大橋を渡れば、現在の京都河原町駅のある場所となる。阪急が河原町駅を開いた当時は、ここに行き交うような京都市電を利用すれば、市内各地の名所を訪ねることができた。

【四条河原町（昭和戦前期）】四条河原町交差点の東側から四条通の西側方向を見た風景で、道路は未舗装で砂ぼこりが舞っている。四条通に市電の姿はあるものの、河原町通を行き交う自転車、荷車の数は多く、自動車の姿は少ない。タイトルに「御旅町」とあるのは、八坂神社の御旅所があることに由来し、現在も河原町交差点西側に近い四条通の南北両側に広がる住居表示として残されている。

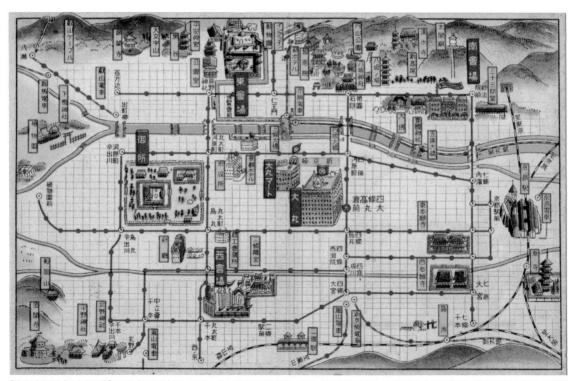

【京都市地図（大丸周辺）】1928（昭和3）年、四条高倉に店舗を構えている大丸京都店を描いた京都市内の地図で、碁盤の目の街と京都御所、上部を流れる鴨川の姿が印象的である。既に京都市電の主な路線は開通しているが、賀茂大橋を渡って河原町今出川と百万遍を結ぶ路線は未開通である。大礼記念京都大博覧会の会場は東会場（岡崎会場）、西会場（京都刑務所跡地）、南会場（恩賜京都博物館）の3つが見える。

【四条河原町（俯瞰）（昭和戦前期）】四条河原町交差点の南西側から北方向を見た俯瞰的な風景である。河原町通りにはかなり短い間隔で、京都市電が走っていたことがわかるが、まだ自動車の姿は少なかった。ここでも近い距離に東山、離れた距離に北山が見えており、ここの位置関係がわかるのである。まだ、南西角に高島屋京都店はなく、南東角の四条河原町阪急（現・京都河原町ガーデン）もない時代である。

【四条河原町（俯瞰）（昭和戦前期）】四条河原町交差点の南西側から北方向を見た風景だが、こちらは左手前に富士生命保険の京都支店のビルが大きく見えている。富士生命保険は、現在の日本生命保険（ニッセイ）の前身のひとつで、1942（昭和17）年に戦時統合による合併がなされている。中心部を通る河原町通は1927（昭和2）年、拡幅工事が行われて、京都市電の河原町線が開通している。

【四条大橋（大正初期）】
1913（大正2）年に架橋された鉄筋コンクリート造りの四条大橋の姿を映したもので、京阪の現・祇園四条駅は開業していない。この新しい四条大橋の誕生とともに、京都市の三大事業が行われて、京都市電の四条線も開通している。京阪の延伸は1915（大正4）年、レストラン菊水の開店は1916（大正5）年だが、すでにビアホールらしき店舗が見えている。

【四条烏丸（昭和戦前期）】
右手奥に東山が見える四条烏丸交差点の風景で、京都市内の中心分ではこの山の位置により、方角や凡その位置を知ることができる。阪急がこの場所に地下駅（烏丸駅）を設けるのは1963（昭和38）年であり、京都市営地下鉄の四条駅が開業して連絡駅となるのは1981（昭和56）年である。ここでは京都市電、市バスの姿が見えている。

【大丸京都店（昭和戦前期）】
大丸京都店と京都市電がセットになって撮影されている、なつかしいレトロな雰囲気の絵葉書である。大丸は江戸時代中期に京都・伏見で創業され、京都の中心部に店舗を移した後、1912（明治45）年に四条高倉に京都店をオープンして現在に至っている。京都市電は同じく1912（明治45）年6月に四条線の四条西洞院〜四条小橋間が開通し、このような風景が見られるようになった。

【四条河原町の高島屋建設予定地（昭和戦前期）】四条河原町交差点の南西角に建てられる予定だった高島屋京都店の建設工事中の様子を写した写真である。しかし、戦争が拡大した時代の中で、建設工事は中止されて、この地に高島屋京都店がオープンするのは1946（昭和21）年になってからだった。戦前においては、高島屋は烏丸通りに面した松原上ルの場所に店舗を構えていた。

【南座（昭和戦前期）】四条大橋の南東のたもとに建つ歌舞伎の殿堂、南座。その歴史は古く、江戸時代初期に建てられた南の芝居がルーツであり、かつては四条通りを挟んで、北の芝居（北座）が存在していた。これは1929（昭和4）年に大改築がなされて、桃山風意匠の鉄骨鉄筋5階建てに変わった姿で、その概観は1991（平成3）年の新装後の現在も受け継がれている。

阪急京都線を
駆け抜ける
電車たち

梅田駅2号線に到着する3ドア化
された2800系急行。この2815～
の編成は1977年2月に3ドア化さ
れた。
◎梅田
1978（昭和53）年7月3日
撮影：野口昭雄

阪急が誇る梅田～十三間3複線区
間を行く6300系第1編成の通勤特
急河原町行。朝夕の通勤特急は高
槻市に停車。
◎梅田
1976（昭和51）年
撮影：野口昭雄

1959年に開通した梅田～十三間の
京都線淀川橋梁を渡る登場後間も
ない頃の2300系。この2301～の
編成は1960年11月に登場した。
◎梅田～十三
1961（昭和36）年12月
撮影：野口昭雄

冷房化された2300系。2300系は
1981〜85年に冷房化されたが、
一部車両に行先と種別の表示幕が
取り付けられた。
◎上新庄
撮影：中西進一郎

安威川橋梁を渡る3ドア化され
た2800系の7両編成。
◎相川〜正雀
1988（昭和63）年8月9日
撮影：野口昭雄

新京阪鉄道の名車デイ100は100
形116が正雀工場で保存されてい
る。特徴あるある貫通幌も復元さ
れ、車内は固定クロスシートが取
り付けられている。
◎正雀工場
1984（昭和59）年3月
撮影：野口昭雄

救援車4050形4052。自走できないため他車と連結して運転される。
◎正雀工場
1984（昭和59）年3月
撮影：野口昭雄

3300系の地下鉄堺筋線から直通の高槻市行。
◎正雀～南茨木
1984（昭和59）年3月
撮影：野口昭雄

2300形6両の梅田行普通。先頭の2300形2301は2350形2352とともに正雀工場で保存されている。背後に大阪学院大学がある。
◎正雀～相川
1986（昭和61）年1月
撮影：野口昭雄

大阪市営地下鉄60系の高槻市行。60系は1969年登場のアルミ車体で大阪市営地下鉄初の1500Ｖ、架空電車線式である。
◎相川〜正雀
1986（昭和61）年１月
撮影：野口昭雄

南茨木を発車する5300系６両の高槻市行。5300系は3300系とともに大阪市営地下鉄堺筋線乗入れ列車にも使用された。
◎南茨木
1991（平成３）年頃
撮影：山田虎雄

南茨木で阪急と交差する大阪モノレール（大阪高速鉄道）の1000系。同社は大阪府が過半数を出資し、阪急、京阪、近鉄も出資している第三セクター。1990年６月に南茨木〜千里中央間が開通した。
◎南茨木
1991（平成３）年頃
撮影：山田虎雄

2300系7両の急行梅田行。1970大阪万博の開催中でドア横に万博ステッカーが貼られている。3300系の高槻市行とすれ違う。
◎茨木市〜南茨木　1970（昭和45）年8月29日　撮影：野口昭雄

夏空のもと、緑濃い田園を高速で
走る2300系急行。バックに南茨木
付近の高層アパート群が広がって
いる。
◎南茨木〜茨木市
1976（昭和51）年9月
撮影：野口昭雄

南茨木の高層アパート群をバック
に走る6300系の特急河原町行。こ
の京都方6452の編成は1976年9
月に登場した。
◎南茨木〜茨木市
1986（昭和61）年
撮影：野口昭雄

100形136と300形2両編成の天神
橋行。P‐6と呼ばれた100系（新
京阪時代はデイ100形）の特徴ある
貫通幌が取り付けられている。2
両目は太平洋戦争中に登場した制
御車1300形で5両あった。登場時
は300形と称し、戦後に（旧）1300
形となった。（新）1300系の登場
で700系の付随車となり750形751
〜755となった。
◎茨木市
1955（昭和30）年5月4日
撮影：荻原二郎

2800系5両の2800系の特急梅田行。この2804～の編成は1965年に登場した第4編成。2800系は当初5両編成だったが、1966年夏に6両編成化された。◎茨木市～正雀　1965（昭和40）年頃　撮影：野口昭雄

地上駅時代の茨木市に到着する7300系の急行河原町行。5300系からは京都線もトップナンバーが神戸、宝塚線と同様に0から始まるようになった。◎茨木市　1984（昭和59）年9月　撮影：野口昭雄

待避線に入る2300系河原町行と大阪市60系動物園前行のすれ違い。1981年から始まった高槻市付近の連続立体化工事のため、高槻市駅の上り（河原町方面）待避線がなくなったために富田に上り待避線が設置された。高槻市内の連続立体化工事の完成後も富田の配線は変わっていない。
◎富田
1989（平成元）年
撮影：荻原二郎

1981年から始まった高槻市内連続立体化工事のため、高槻市駅西側に地上ホームが仮設されたが、上り線（河原町方面）は用地の関係で待避線が設置できず、富田に上り線の待避線が設置された。待避線のない高槻市駅上り線に速度を落として進入する6300系特急河原町行。
◎高槻市
1989（平成元）年2月5日
撮影：荻原二郎

1975年夏に登場した6300系第1編成。後方に新幹線高架が見える。大山崎付近から上牧の先までの新幹線との平行区間は高架（盛土）だが、上牧の高槻市方から地上線になる。
◎上牧〜高槻市
1986（昭和61）年
撮影：野口昭雄

東海道新幹線建設時、阪急京都線の平行区間（大山崎付近〜上牧付近）は新幹線だけを盛土高架にした場合の信号機見通しの悪化、地盤沈下のおそれなどで阪急も盛土高架されることになった。1963年4月から12月まで先に完成した新幹線の線路上を阪急が走行した。新幹線線路上を走る2300系特急河原町行。
◎水無瀬
1963（昭和38）年9月1日
撮影：荻原二郎

「さくら」のヘッドマークを取付けた6300系特急河原町行。写真右側に新幹線が平行している。
◎水無瀬
1986（昭和61）年4月
撮影：野口昭雄

盛土高架化へのかさ上げ工事が完成した大山崎を発車する2300系2両の河原町行。この先で急勾配を下り東海道本線の下をくぐる。右側で新幹線工事中。
◎大山崎
1963（昭和38）年9月1日
撮影：荻原二郎

先に完成した新幹線の線路上を走る阪急京都線。進行方向右側（西側）の阪急の路盤は盛り土によりかさ上げされ新幹線と同じレベル（高さ）になった。
◎大山崎〜水無瀬
1963（昭和38）年9月1日
撮影：荻原二郎

3ドア化された2800系7両の梅田行普通。画面左側方向に2013年12月、西山天王山駅が開設。
◎長岡天神〜大山崎
1984（昭和59）年8月
撮影：山田 亮

6300系8両の特急梅田行。先頭車および最後部車のドア横には「大宮、西院駅ではこのドアは開きません」とのステッカーが貼られた。当時は大宮、西院両駅は7両編成対応で8両編成の特急、急行は最後部車両のドア締め切り扱い（ドアカット）を行った。
◎長岡天神〜大山崎
1984（昭和59）年8月
撮影：山田 亮

長岡天神で2800系普通と接続を
取って先発する5300系急行梅田行。
◎長岡天神
1985(昭和60)年5月
撮影：野口昭雄

2300系7両の梅田行普通。1960
年登場の2300系は1981年から順
次冷房化され活躍を続けていたが、
2001年から廃車が始まり最後の編
成が2015年3月に引退。
◎西京極～桂
1984(昭和59)年8月
撮影：山田 亮

「もみじ」のヘッドマークを取付け
た6300系特急梅田行。
◎桂
1985(昭和60)年11月
撮影：野口昭雄

710系 4 両の嵐山線折返し列車。
710系は1983年までに全車廃車。
◎桂
1978（昭和53）年 3 月
撮影：野口昭雄

鉄道友の会主催の2800系の見学
会。1964年 5 月の運転開始に先
立ち桂車庫でファン対象の見学会
が開かれた。先頭は制御車2850
形2861。2850形のうち2861以降
は制御車だがパンタグラフを装備
していたが後に撤去。左に710系
713が見える。車内は固定クロス
シート。
◎桂車庫
1964（昭和39）年
撮影：野口昭雄

100系 2 両編成の天神橋行。後部は制御車1500形1509。阪急
では形式にモハ、デハ、クハなどは使わない。
◎西京極〜桂　1962（昭和37）年 8 月12日　撮影：荻原二郎

新京阪鉄道の名車100形140と制御車1500形の 2 両編成。新京阪
時代は P - 6 と呼ばれた。特徴ある前面貫通幌も1960年頃から順
次撤去された。後方に西京極駅が見える。
◎西京極〜桂　1962（昭和37）年 8 月12日　撮影：荻原二郎

西芳寺（苔寺）のある西山をバックに走る710系の特急京都（現・大宮）行。710系は1950年に登場した阪急標準車体の車両で同時期登場の神戸線810系と車体サイズは同じである。先頭の765－715の編成は第1次車で2ドア、ドア間固定クロスシートである。
◎桂～西京極
1962（昭和37）年8月12日
撮影：荻原二郎

1960年登場の2300系2302。神戸線2000系、宝塚線2100系と同様に定速度制御、回生ブレーキを装備し「オートカー」「人工頭脳電車」と呼ばれた。
◎西京極～桂
1962（昭和37）年8月12日
撮影：荻原二郎

1300系4両の急行梅田行。先頭の1303は2ドア、ロングシート車。1957年登場の2ドアの1300系は最初の3両だけがドア間固定クロスシートで他はロングシート。クロスシート車も1965年にロングシート化、1970～73年全車が3ドア化された。
◎西京極～桂
1962（昭和37）年8月12日
撮影：荻原二郎

３ドア化された2800系７両の梅田行普通。2800系は1976～79年に３ドア、ロングシート化されたが、1988年から廃車が始まり1995年までに廃車された。（他系列に編入された中間Ｔ車を除く）
◎西京極～桂　1984（昭和59）年８月　撮影：山田 亮

桂川橋梁を渡る6300系最終増備車6330形の特急梅田行。梅田方先頭車6330には下枠型パンタグラフを２台装備し、6300系の新しい顔としてファンに人気があった。6300系は9300系（2003年10月登場）に置き換えられ、2010年１月に特急運用から離脱。6330形は2009年に廃車。◎西京極～桂　1984（昭和59）年８月　撮影：山田 亮

桂川橋梁を渡る2300系7両の梅田行普通。先頭の2300形2325は1963年6月の京都線河原町延長時に登場。
◎西京極〜桂　1984（昭和59）年8月　撮影：山田 亮

桂川橋梁を渡り京都市内へ向かう6300系特急河原町行。最後部は6354。
◎桂〜西京極　1984（昭和59）年8月　撮影：山田 亮

1984年1月に登場した6330形の特急梅田行。梅田方先頭車6330にパンタグラフがある。1982年11月改正で高槻市、茨木市付近での高架化工事のため運転時分が延長（40分運転）となり、車両運用上1編成を増備することになり、7300系と同じ界磁チョッパ制御で両端に電動車を集中し、中間車4両を付随車（T車）とした6330形が登場した。
◎西京極〜桂
1984（昭和59）年8月
撮影：山田 亮

3300形6両の梅田行普通。1967年登場の3300系は2000系、2300系以来の「阪急顔」「阪急スタイル」で現在でも京都線、千里線を走り続けている。2014年から廃車が始まっている。
◎西京極〜桂
1984（昭和59）年8月
撮影：山田 亮

河原町で折り返す6300系特急梅田行。折返し時、降車終了後にドアをいったん閉め、乗務員室からの一斉操作でエアシリンダーにより転換クロスシートの一斉方向転換が行われた。この操作は乗客注視のもとで行われ、再びドアが開いて乗車できる。
◎河原町
1984（昭和59）年頃
撮影：山田虎雄

南千里ですれ違う2300系北
千里行と大阪市60系の動物
園前行。
◎南千里
1984（昭和59）年5月3日
撮影：野口昭雄

5300系の北千里行が南千里を発車
して公園下のトンネルを抜け、掘
割を山田方面に向かう。
◎南千里〜山田
撮影：野口昭雄

名車100系は1971年11月に京都線
の運用がなくなり、千里山線が最
後の活躍舞台になった。1973年3
月に千里山線での運行を終了した。
◎山田〜南千里
1972（昭和47）年12月
撮影：野口昭雄

1970年の大阪万博期間中に千里線南千里～北千里間に開設された万国博西口駅に到着する3300系淡路行。万博マーク期間中は特製標識を付けた。沿線は千里ニュータウンだが開発途上の風情。◎万国博西口　1970（昭和45）年3月18日　撮影：荻原俊夫

中国自動車道と交差する千里線を行く大阪市60系。この地点の東側（写真後方）に1970大阪万博の会場があった。万国博期間中は北大阪急行がこの中国自動車道の上り線部分に線路を仮設して万国博中央口まで運行され、地下鉄御堂筋線と直通運転した。◎山田　1985（昭和60）年　撮影：野口昭雄

開発が進む前の山田〜北千里間を走る5300系の北千里行。5311〜の編成は1974年に登場した。
◎山田〜北千里　撮影：野口昭雄

千里線で最後の活躍をする100系6両編成。
100系の最終運行は1973年3月。名車100系
はファンや会社関係者に長く愛され、阪急技
術陣のセンスは3ドア化や窓枠Hゴム化など
を許さず、最後まで新京阪時代の形態を保っ
ていた。
◎北千里〜南千里
1972（昭和47）年12月9日
撮影：野口昭雄

北千里へ向かう冷房化された1300系7両編成。1300系は大部分が2ドアで登場したが1970～73年に全車が3ドア化。1975～76年に冷房化され1986～87年に廃車された。先頭の1302は1957年登場の1300系第1編成の京都方車両で、当初は2ドア、ドア間固定クロスシートで主として特急に使用された。◎山田～北千里　1976（昭和51）年7月25日　撮影：野口昭雄

京阪神急行電鉄の時刻表

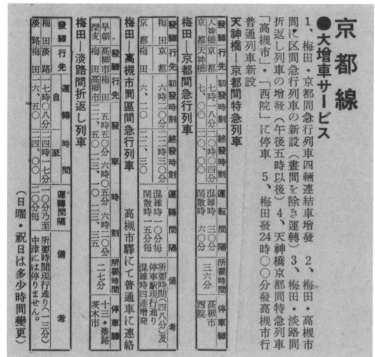

【京都線増発のお知らせ（部分）】
「京都線 大増車サービス」と題された阪急（京阪神急行電鉄）のニュースである。京都線では天神橋～京都（現・大宮）間に特急列車がある一方、梅田～京都（現・大宮）間には急行列車が運行されていた。特急列車はこの当時、京阪間を36分で結び、停車駅は高槻市駅と西院駅だった。

32.6.1訂補 京 都―大 阪―神 戸―宝 塚 電連												
（京阪神急行電鉄）												

1957（昭和32）年の『交通公社時刻表』。前年4月から梅田乗り入れが開始された特急を掲載。特急は昼間時だけ30分毎、急行は朝から晩まで10～20分毎で、京都線の基本輸送力だった。天神橋へは普通のみで、京都線のターミナルも完全に梅田へと移った。現在の大宮は本来なら阪急京都とすべきところを京都とした。阪急のプライドの高さの表れともいえるが、国鉄の京都駅とは別の場所であり、観光客などは混乱したと思われる。

2章
モノクロフィルムで記録された
阪急京都線、
千里線、嵐山線

梅田駅1号線で発車を待つ2800系特急河原町行。最後部2817は1966年7月登場の2800系最終編成。時計は19時を指しているが、次の特急を待つ乗客が列を作っている。京都行特急が発車する1号線は神戸線、宝塚線と異なり観光客も多く華やいだ雰囲気が漂っている。
◎梅田　1975（昭和50）年8月　撮影：山田 亮

大阪梅田駅

【所在地】大阪府大阪市北区芝田1-1-2
【開業】1910（明治43）年3月10日（梅田→大阪梅田）
【キロ程】0.0km（大阪梅田起点）　【ホーム】10面9線
【乗降人員】349,521人（2021年度）

　阪急電鉄の大阪側の始発駅は大阪梅田駅で、京都（河原町）、神戸（三宮）、宝塚と行先は異なれども、すべての列車がここから出発する。京都本線の正式な起終点駅は十三駅であるが、路線全体を語る上で大阪梅田駅のことを欠かすことはできない。また、阪急がたどった歴史のエピソードもこの駅に多く詰まっている。

　阪急の箕面有馬電気軌道がここに梅田駅を置いたのは、1910（明治43）年3月である。当時の路線は現・宝塚本線の梅田〜宝塚間と箕面線の石橋〜箕面間で、これが阪急のルーツだった。1918（大正7）年2月、社名を阪神急行電鉄と改め、ライバル会社の阪神電鉄（阪神）に対抗する阪急となった。その後、1920（大正9）年7月に現・神戸本線が開業。1943（昭和18）年には京阪電鉄と合併して、京阪神急行電鉄となり、1949（昭和24）年12月に両社が分離される際には、新京阪線（現・京都本線）が阪急の所属に変わり、現在のような京都本線となった。当時、新京阪線の大阪側の起点は天神橋（現・天神橋筋六丁目）駅であり、ほぼ同時に神戸（現・三宮）〜京阪神京都（現・京都大宮）間の特急の運転が開始されたこともあり、京都本線における梅田駅の地位は低かった。しかし、1956（昭和31）年4月、京都方面行きの特急の始発駅は天神橋駅から梅田駅に変更されて、梅田駅は3線すべての始発駅となり、阪急における不動の地位を確立したのである。

　さて、開業当時の梅田駅は、官設鉄道（国鉄、現・JR）の南側にあり、北側の十三方面からやってきた路線は、東海道本線などを跨いだ高架橋の先に木造2階建ての地上駅舎を設けていた。当初、ホームは1線だったが、その後、ホームを2線、4線と増やしながら徐々に規模を拡大して、1920（大正9）年11月には5階建ての駅ビルが誕生した。当初は白木屋が入っていたビルは、やがて2・3階を直営のマーケットとし、4・5階を食堂とした。その後、1926（大正15）年7月、梅田〜十三間は複々線となって高架化され、梅田駅の駅ビルも建て替えられることになった。1929（昭和4）年3月に誕生した新しい駅ビルは、地上8階建てで、阪急百貨店が入る大きなターミナルビル、梅田阪急ビルに生まれ変わった（第1期）。なお、地上を走る北野線と駅は、戦後まで残っていた。その後、

1934（昭和9）年5月31日まで地上を走っていた国鉄線は、6月1日から高架線に変わり、阪急線は地上に移って、国鉄線の下をくぐる形に変わった。再び地上駅に戻った梅田駅だったが、梅田阪急ビルは第2期、第3期・・・と拡張を重ねて、日本を代表するデパートに成長してゆく。梅田駅は戦後も拡大を続け、1959（昭和34）年には梅田〜十三間が3複線となり、駅の構造も9面9線のホームとなった。やがて、この駅がある国鉄線の南側は土地が狭く、編成両数の増加に対応するためのホームの長さが確保できなかったため、北側の現在地に移転することが決まった。

　1967（昭和42）年からは、現在地への移転・高架化が進められ、まず神戸本線、続いて宝塚本線の順に移転を行い、1971（昭和46）年11月に京都本線のホームが移転した。1973（昭和48）年11月に京都本線の1号線が増設されて、高架化と拡張工事が完了している。現在は阪急ターミナルビルの3階に頭端式ホーム10面9線があり、1〜3号線を京都本線、4〜6号線を宝塚本線、7〜9号線を神戸本線が使用している。コンコースと改札口は2階、3階に設けられており、3階の中央改札口には43台の自動改札口が並んでいる。

　さて、「梅田」の地名、駅名は、もともと上町台地の北西にある下原にあり、低湿地を埋めて田圃にしたことから「埋田」となったといわれている。付近には露天神社や綱敷天神社があり、天神様にゆかりのある「梅」を採り、「梅田」に変わった

箕面有馬電気軌道時代の1930（大正9）年11月、梅田駅には5階建ての駅ビルが誕生した。1階は白木屋の売店となり、2階には直営の食堂が設けられて、その上は事務所として使用されていた。

大阪梅田駅周辺

1929年
（昭和4年）

1952年
（昭和27年）

新旧の地図はともに、阪急の梅田（現・大阪梅田）駅が東海道本線・大阪環状線の南側にあった時代のものである。しかし、両者の違いは、戦前には国鉄線の上を通っていた阪急線が途中、国鉄線が高架化されたことで、戦後には国鉄線の下を走る形になっていることである。梅田阪急ビルの前の交差点には大阪市電が集まる形になっており、阪神の梅田駅は西側の地上に置かれていた。ところが、戦後の地図ではその阪神本線が地下化されて、阪急駅の南側に阪神ビルが誕生している。一方、大阪駅の北側には梅田貨物駅と大阪鉄道管理局が存在している。高架化されている阪急線が、梅田貨物駅から北に延びる線路を渡ったところには中津駅が置かれている。茶屋町の東側にあった大阪市立梅田東小学校は、1989（平成元）年に廃校となり、跡地には2017（平成29）年に大阪工業大学の梅田キャンパスなどが誕生している。

とされる。江戸時代、このあたりには西成郡曽根崎村、北野村があり、堂島新地、曽根崎新地が設けられた。しかし、近松門左衛門作で、人形浄瑠璃や歌舞伎になった「曽根崎心中」では、ここは町はずれの寂しい場所として描かれている。

　1874（明治7）年5月、梅田に開設された官設鉄道（東海道本線）の大阪駅は、「梅田ステンショ」と呼ばれ、「梅田」が大阪市の北側の一大ターミナル、中心地として発展するきっかけとなった。ここには、後に大阪環状線を形成する大阪鉄道、西成鉄道が官設鉄道との連絡駅を設け、阪神電気鉄道（阪神）も1906（明治39）年12月に新しい起終点駅として、現在の大阪梅田駅を開業している。

その後は、現・大阪メトロ御堂筋線の梅田駅が開業、さらに谷町線の東梅田駅、四つ橋線の西梅田駅も誕生し、現在のような鉄道網が張り巡らされた。その間、ここを発着する大阪市電の路線もあったが、1969（昭和44）年、当時の政令指定都市では全国に先駆けて全廃されている。

　最後になったが、梅田駅の隣駅としては、神戸本線・宝塚本線には、中津駅が置かれている。しかし、京都本線はすべての列車がこの駅には停車せずに通過するため、この本では詳しく述べることはない。阪急が中津駅を開業したのは1925（大正14）年11月で、それ以前から阪神の北大阪線の駅が存在していた。

【阪急の梅田駅（明治後期）】
阪急のルーツである箕面有馬電気軌道の梅田（現・大阪梅田）駅が誕生したのは、1910（明治43）年3月である。当時の路線は宝塚本線と箕面線であり、左に見える駅舎には、「箕面公園」「宝塚温泉」の看板によって行き先の観光地を示しており、この鉄道が開発していた「宝塚新温泉」の絵看板も加わっている。奥に建てられているレンガ造りの建物は、大阪市電の車庫である。

【阪急の梅田駅（明治後期）】
箕面有馬電気軌道の社章とともに、牡丹の花や清流、橋などが描かれている絵看板が置かれている梅田駅の駅前風景である。奥の建物は初代の梅田駅ビルで、2階建ての瀟洒な建物だった。左側のホームには電車が停車しており、切符売り場らしきものが見えている。その横の絵看板の前には、利用者を待つ人力車が多数、停車している。

【梅田駅と大阪市電（明治後期）】
大阪市電は1903（明治36）年、第5回内国勧業博覧会の開催に合わせて、築港桟橋〜花園橋間が開通したのが始まりである（第1期）。これに続いて1908（明治41）年に東西線、南北線が開通し、大阪駅前〜恵美須町間の路線が誕生した。その2年後（1910年）に箕面有馬電気軌道が開通して梅田駅を開いたことで、このような風景を見ることができるようになった。

THE HANKYU DEPARTMENT STORE, THE LARGEST DEPARTMENT STORE IN OSAKA, LOCATED THE MOST CONVENIENT PLACE, 景全店貨百急阪

【梅田駅・阪急百貨店（昭和10年代）】
1929（昭和4）年に第1期工事を終えて竣工した阪急ビルには、阪急百貨店が開店している。ビルはその後も第2期、第3期と増築を重ねて、1936（昭和11）年には第4期の工事を終了している。この頃のビル1階は梅田駅のコンコースとして使われ、百貨店は本館と新館を合わせると総面積で5万6200平方メートルの広さの地上8階建て、東洋一の規模となっていた。

THE HANKYU ELECTRIC RAILWAY UMEDA TERMINAL STATION 景全ムーオホートッラプ駅阪大急阪

【梅田駅のホーム（昭和9年）】
1934（昭和9）年6月、新たな地上ホームとなった梅田駅のホームである。このときに高架化された国鉄線と入れ替わるように、梅田付近の阪急線は再び、地上を走るようになった。当時、現在の京都本線は別会社、京阪の新京阪線であり、この梅田のホームは宝塚本線と神戸本線が使用していた。4号線の手前には、宝塚少女歌劇のグッズなどを売る売店が見える。

【大阪駅と梅田駅付近の空撮（昭和戦後期）】
大阪駅の南西から撮影した梅田付近の空撮写真である。この頃の大阪駅は1943（昭和18）年に完成した三代目駅舎が残っていた。阪急の梅田駅はその東側にある地上駅で、国鉄線（東海道本線・大阪環状線）の下をくぐって北側の十三方面に向かっていた。駅前にはビルが建ち始めているが、戦災の名残であるバラックの住宅、商店などもまだ残っていた。

自動車、バス、歩行者が通行している梅田の交差点、梅田阪急ビル前の風景である。この時期、阪急の起終点駅である梅田駅が入る駅ビルは、8階建ての瀟洒な建物で、梅田阪急ビルと呼ばれていた。ここには阪急百貨店の梅田本店が入居しており、世界最初のデパートが入る駅として話題になった。その後、阪急の梅田駅は現・JRの東海道本線・大阪環状線の北側に移転している。
◎梅田阪急ビル　1935 (昭和10) 年3月　撮影：朝日新聞社

阪急梅田駅新ホーム3号線で発車を待つ100系1500形1511先頭の北千里行。名車100系は1973年3月が最終運行である。京都線の阪急梅田駅新ホームへの移行は1971年11月28日。京都線1号線完成 (阪急梅田駅新ホーム最終完成) は1973年11月23日。
◎梅田　1972 (昭和47) 年8月　撮影：山田 進

1959年2月に開通した十三〜梅田間の京都線増設線（名目上は宝塚線の線増）を行く100系の急行梅田行。最後部は制御車1500形1528。
京都線が走る線路には中津駅にホームがない。◎十三〜梅田　1964（昭和39）年1月　撮影：小川峯生

1910（明治43）年に淀川放水路として開削された新しい淀川には、十三筋（国道176号）が走る十三大橋と並ぶようにして、阪急の鉄道橋梁が架橋されていた。この阪急の新淀川橋梁はこの頃、1959（昭和34）年の梅田〜十三間の3複線化に向けて、右側の京都本線部分の増設が行われていた。この工事の様子については、阪急（宝塚映画製作所）が約30分間のカラー映画作品として制作していたことがわかっている。◎1957（昭和32）年12月16日　撮影：朝日新聞社

十三駅

【所在地】大阪府大阪市淀川区十三東2-12-1
【開業】1921(大正10)年4月1日
【キロ程】0.0km(十三起点)　【ホーム】4面6線
【乗降人員】52,424人(2021年度)

阪急の京都本線が神戸本線、宝塚本線と分岐する駅が十三駅である。梅田駅を出たすべての列車はこの十三駅に停車する。駅の所在地は大阪市淀川区十三東2丁目で、駅の東側、淀川通に面して淀川区役所が置かれている。

この十三の地に最初に駅を置いたのは、阪急の前身である箕面有馬電気軌道で、1910(明治43)年3月に宝塚本線の駅として開業した。このときの駅は西成郡中津村大字成小路(現・新北野)に置かれていたが、1916(大正5)年、駅の位置はやや北の現在地(神津村大字小島、現・十三東)に移っている。1920(大正9)年7月には、阪神急行電鉄に改称した同社により、神戸本線が開通。さらに1922(大正11)年4月、この両線と連絡する北大阪電気鉄道の十三〜淡路〜豊津間が開通し、現在の阪急京都本線の前身の駅が誕生した。このため、十三駅は梅田、宝塚、神戸、京都方面から多数の列車が集まる駅となり、現在は阪急3路線の上下線に対応する、4面6線のホームを備えた駅となっている。2・3号線、4・5号線の2面は島式ホームで、1・2号線を神戸本線、3・4号線を宝塚本線、5・6号線を京都本線が利用している。ホーム間は地下ホームと跨線橋が結んでいる。

「十三」の地名の起源は諸説あり、淀川の上流から数えて13番目となる中津川の渡し(十三の渡し)があったという説、条理制の中で南から13条の場所にあたるという説などがある。かつての十三は現在よりもやや南にあたり、中津川の南に成小路村、北に堀村が存在し、「十三」は成小路村の字名だった。成小路村は1889(明治22)年に下三番村、光立寺村などとともに中津村になり、堀村は合併によって神津村に変わった。

この後、淡路駅のページで紹介するように新淀川(淀川放水路)の開削が行われて、十三周辺の地形は大きく変化する。中津川は埋め立てられ、新たに開削された淀川放水路(新淀川)が誕生。従来の十三付近は新淀川の敷地となり、十三の地名は一時、消失した。1910(明治43)年、箕面有馬電気軌道が開通して淀川の北側に新駅を開き、十三駅と名付けたことで、「十三」の地名(駅名)が復活することになる。神津村はやがて神津町になり、1925(大正14)年に大阪市に編入されて、東淀川区の一部となった。そこで、旧中津村(旧成小路村)大字成小路が十三南之町、旧神津村大字堀(旧堀村)が十三西之町、同村大字小島(旧小島村)が十三東之町となって、「十三」が正式な住居表示となった。1974(昭和49)年に淀川区に転属し、十三本町、十三東、十三元今里の住居表示に変わっている。一方で、十三南之町は、ここに移転してきた大阪府立北野中学校(現・高校)の名前をとって、新北野という地名になった。

古来、中津川にあった十三の渡しに代わって、1878(明治11)年に成小路村の人々が中津川に架橋したのが初代の十三橋である。1909(明治42)年、開削された淀川放水路に十三橋が架橋された。さらに1932(昭和7)年、十三筋が通る現在の十三大橋が誕生している。この十三大橋の上流には、阪急の各線が走る淀川橋梁が架けられた。また、十三バイパスが走る下流の新十三大橋は、1966(昭和41)年に架橋されている。

大阪の下町の雰囲気が色濃い十三駅の周辺。駅の東口には、十三駅前通商店街、十三東駅前商店街という2つの商店街があり、十三筋が通る西口側にも十三元今里商店街、十三本町商店街、十三フレンドリー商店街といった商店街が存在しており、買い物客が絶えない賑やかな通りとなっている。また、駅北側の神戸線の線路沿いには武田薬品工業の大阪工場がある。淀川通が十三バイパスと交わる西側には、通りの南北に大阪府立北野高校と十三公園が向か合って存在している。北野高校は、大阪を代表する進学校である。そのルーツは、現在の中央区に1873(明治6)年に創立された大阪府第一番中学校で、1902(明治35)年に現・北区北野芝田町に移転して、大阪府立北野中学校となった。1931(昭和6)年に十三に移転して、現在に至っている。

十三駅7号線で折り返す100系による十三〜河原町間普通電車。
◎十三
1972(昭和47)年3月8日
撮影:西原博

十三駅周辺

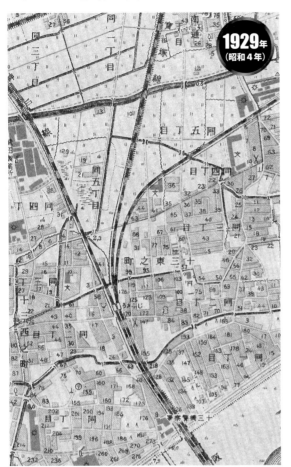

1929年
（昭和4年）

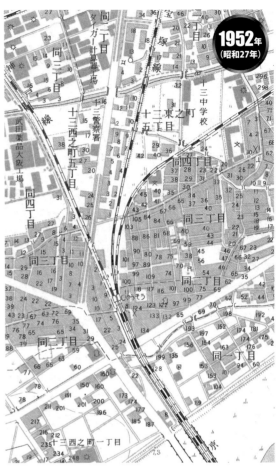

1952年
（昭和27年）

南側に（新）淀川の流れがあり、北側に阪急の主要駅である十三駅が置かれている。この駅の先で、阪急は京都本線、宝塚本線、神戸本線に分かれることとなるが、戦前の地図ではいずれの線路沿いにも農地が広がっていたことがわかる。戦後の地図では、中央の宝塚本線を中心に家屋、工場などが建ち並んできたことが見て取れる。神戸本線沿いにあった武田薬品工業大阪工場（旧・武田製薬所）は、戦後に用地を拡大している。この地図に見える地名は東側の「十三東之町」と西側の「十三西之町」で、駅の所在地は十三東之町である。このあたりは長く大阪市東淀川区であったが、1974（昭和49）年に新設された淀川区の所属に変わっている。戦前の地図では、駅の南側、淀川の河川敷に近い場所に十三橋警察署が置かれていた。1907（明治40）年に設置された同署は現在、駅の北側に移転して淀川警察署に変わっている。

十三に進入する1300系クロスシート車の梅田行特急。1300系は最初の1編成（梅田方1301）がドア間固定クロスシートで主として特急に使用。京都線特急は前面種別標識を2枚取り付けていた。（2800系なども同様）これは京都線梅田乗り入れ時に信号場での列車識別を容易にするためだが、京都線特急の貫録を示すことになった。
◎十三
1959（昭和34）年1月16日
撮影：荻原二郎

昭和30年代前半、梅田～十三間では阪急線の3複線化の工事が進められていた。これは十三駅付近における工事の様子を撮影した空撮写真である。右（西）側を走るのは、大阪市内中心部では御堂筋となる十三筋（国道176号）である。手前、左側に分かれるのは京都本線、中央は宝塚本線で、十三駅で右側に見える神戸本線のホームはやや離れた位置に置かれている。
◎1956（昭和31）年8月18日　撮影：朝日新聞社

2300系6両の北千里発梅田行。十三から増設された京都線に入り梅田へ向かう。
◎十三　1968（昭和43）年4月6日　撮影：荻原二郎

十三6号線を発車する下り梅田行2800系特急。最後部は京都方先頭の制御車2850形2855。
◎十三　1967（昭和42）年9月10日　撮影：荻原二郎

南方駅

【所在地】大阪府大阪市淀川区西中島3-17-3
【開業】1921（大正10）年4月1日
【キロ程】1.9km（十三起点）　【ホーム】2面2線
【乗降人員】27,623人（2021年度）

　京都本線が新御堂筋と交わる付近に置かれているのが南方駅である。この南方駅は1921（大正10）年4月、北大阪電気鉄道が十三〜豊津間を開通した際に開業している。駅の所在地は大阪市淀川区西中島3丁目。駅の構造は相対式ホーム2面2線を有する地上駅で、改札口は上下線それぞれに2カ所が設けられており、ホーム間を連絡する通路は存在しない。この駅の西側を走る新御堂筋には、大阪メトロ御堂筋線が通っており、1964（昭和39）年9月、梅田〜新大阪間の延伸時に西中島南方駅が開業している。こちらは相対式ホーム2面2線を有する高架駅となっている。なお、阪急の南方駅の読み方は「みなみかた」だが、大阪メトロは「みなみがた」と異なっている。

　「南方」という駅名、地名は、西中島村にあった南向きの船着場に由来するという説が存在している。上方歌舞伎の名作「双蝶々曲輪日記」には、南方十字兵衛（南与兵衛）という主人公（郷代官）が登場するが、こちらは「なんぽう・じゅうじべえ」と呼ばれている。

　この駅の周辺はかつて南方村で、西成郡に含まれていた。1889（明治22）年、淡路村、柴島村など9つの村が合併したことで西成郡西中島村が生まれ、その一部となった。大阪市に編入されたのは1925（大正14）年のこと。このときは東淀川区に含まれていたが、現在は淀川区の西中島1〜7丁目となっている。

　ここには京都線のほかにも、鉄道路線がいくつか通っている。東海道本線（梅田貨物線）は当然として、北側に位置する新大阪駅から西に延びる山陽新幹線の路線は、東海道本線の貨物線である、北方貨物線のルートを利用したものである。1918（大正7）年に開業した国鉄の北方貨物線は、東海道本線の吹田駅から神崎（現・尼崎）間を結んでおり、南方駅の北西にあたる現・淀川区の木川東地区に1933（昭和8）年、宮原操車場が開設された。その後、ここには宮原機関区、客車区、電車区も設置されて、関西における一大車両基地となり、東海道本線、山陽本線などを走る列車の運行を支えてきた。1964（昭和39）年10月、東海道新幹線の東京〜新大阪間が開通して、起終点駅の新大阪駅が開業。1972（昭和47）年3月の山陽新幹線、新大阪〜岡山間の開通においては、この北方貨物線の上を新幹線の列車が走るようになった。

　その間に蒸気機関車（SL）、電気機関車（EL）の基地としての宮原機関区の役割は低下してゆき、やがて蒸気機関車はここから姿を消すことになる。1985（昭和60）年に宮原機関区は車両無配置に変わり、所属していた電気機関車は吹田機関区に移った。1998（平成10）年、宮原運転所と宮原操車場が統合されて宮原総合運転所となった後、2012（平成24）年に網干総合車両所の宮原支所に変わった。

　なお、淀川区にある「宮原」という地名は、このあたりに鎮座していた春日神社に由来するといわれる。現在の宮原1〜5丁目という住居表示は、旧宮原操車場の北西にあたる新大阪駅の北西に広がっており、その南側が「西中島」で、さらに西側にあたる「木川東」と「木川西」に操車場が存在した。

梅田界隈にそびえ立つ高層ビル群を背景に、阪急の南方駅付近を走る北方貨物線の貨物列車。牽引するのはEF65形電気機関車。

南方駅周辺

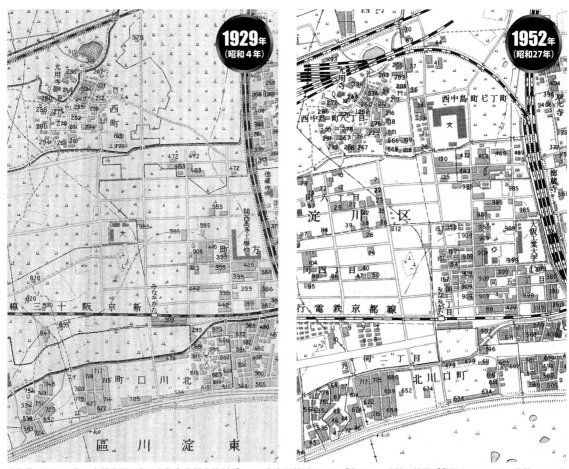

1929年
（昭和4年）

1952年
（昭和27年）

大阪梅田駅から北の京都方面に向かう阪急京都本線だが、この南方駅付近ではほぼ東西に一直線に線路が敷設されている。戦前、駅の北側には農地が広がっており、北側の貨物線の南側、光用寺周辺に小さな集落があるだけだった。現在、淀川区西中島7丁目にある護国山光用寺は747（天平19）年に僧、行基が開いたといわれる真宗仏光寺派の寺院で、この西側には西町公園、大阪市立西中島小学校が存在している。この西中島小学校は、戦後の地図ではカーブ状の貨物線が見える南側に校舎を構えていたが、1965（昭和40）年に大阪市立十三中学校の分校跡地に移転している。一方、駅の北東、東海道本線沿いには関西高等工業学校が存在していた。この学校は1922（大正11）年に開校した関西工学専修学校をルーツとする現・摂南大学の前身であり、現在の大学キャンパスは寝屋川、枚方に置かれている。

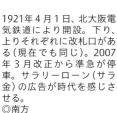

1921年4月1日、北大阪電気鉄道により開設。下り、上りそれぞれに改札口がある（現在でも同じ）。2007年3月改正から準急が停車。サラリーローン（サラ金）の広告が時代を感じさせる。
◎南方
1990（平成2）年頃
撮影：山田虎雄

崇禅寺駅

【所在地】大阪府大阪市東淀川区柴島1-7-28
【開業】1921（大正10）年4月1日
【キロ程】3.2km（十三起点）　【ホーム】2面2線
【乗降人員】5,032人（2021年度）

京阪神を走る阪急沿線には、神社仏閣に由来する駅名をもつ駅も多いが、この崇禅寺駅もそのひとつ。駅名の由来となった崇禅寺は、北西側に存在する曹洞宗の古刹で、奈良時代の天平年間に僧、行基が創建したとされる。室町時代には、足利幕府の管領となって権勢をふるった守護大名、細川氏の菩提寺となり、歴代の有力者が寄進を行って寺は繁栄を誇った。

安土桃山時代、明智光秀の娘で細川忠興に嫁いだ玉（ガラシャ）は、西軍の大将、石田三成により大坂の細川屋敷を包囲されて自ら死を選んだ。美貌で有名だった細川ガラシャは敬虔なキリシタンだったが、この崇禅寺は彼女の菩提寺としても有名になっている。江戸時代には、大和郡山藩士の遠城兄弟による崇禅寺馬場の仇討の舞台となり、これが映画化されて、さらに知られるようになった。寺は何度も焼失、再建を繰り返し、近年では太平洋戦争の大阪大空襲により焼失している。現在の本堂は1989（平成元）年に再建されたものである。

崇禅寺駅は1921（大正10）年4月、北大阪電気鉄道の十三〜豊津間の開通に伴い、開業している。このあたり（吹田〜大阪間）は、かつて明治初期に開通した官営鉄道（東海道本線）の路線が通っており、現在のルートに変更された後、廃線跡を北大阪電気鉄道（現・阪急京都線）が利用したのである。そのため、崇禅寺駅付近などでは当時の煉瓦造の遺構が長く残っていた。現在、淡路駅付近の阪急京都線・千里線では、大規模な連続立体交差事業が行われており、崇禅寺駅も高架化される予定である。現在の駅の構造は相対式ホーム2面2線を有する地上駅であり、2024（令和6）年度に3階建ての新駅舎が誕生することになる。駅の所在地は大阪市東淀川区柴島1丁目である。

この崇禅寺駅の東側には、大阪市の柴島浄水場が存在している。こちらは1914（大正3）年に建設されたものだが、詳しい説明は千里線の柴島駅のページに譲りたい。駅の南側には大阪府立柴島高校が存在している。また、駅の北側には東海道新幹線が走っており、北西には新大阪駅が置かれている。東海道新幹線と山陽新幹線の駅となっている新大阪駅は1964（昭和39）年10月に東海道新幹線の大阪側の起終点駅として開業。1972（昭和47）年3月に山陽新幹線の新大阪〜岡山間が開通して両線を接続する駅となった。

曹洞宗の寺院、崇禅寺には室町時代、嘉吉の乱で赤松満祐に殺害された室町幕府第6代将軍、足利義教の首塚が残されている。

崇禅寺駅周辺

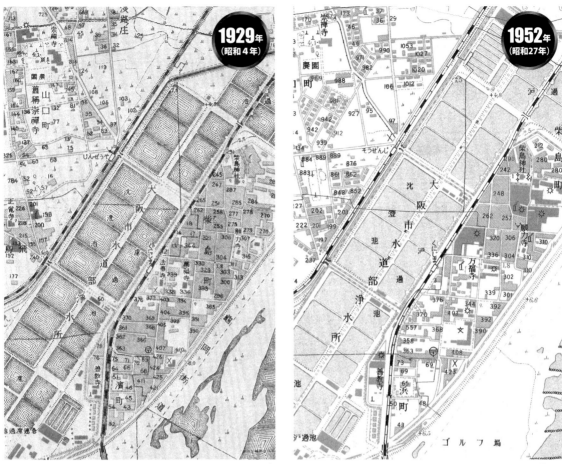

1929年（昭和4年）

1952年（昭和27年）

大阪市水道局の柴島浄水場を挟んで、阪急の京都本線と千里線が並行して走っており、京都本線には崇禅寺駅、千里線には柴島駅が置かれている。駅の開業は崇禅寺駅が1921（大正10）年、柴島駅が1925（大正14）年であり、北大阪電気鉄道時代に開業した崇禅寺駅の方が4年早い。駅の所在地は崇禅寺駅が柴島1丁目、柴島駅が柴島2丁目である。崇禅寺駅の駅名は、北西に存在する曹洞宗の寺院、凌雲山崇禅寺に由来している。創建は奈良時代の天平年間（729〜749年）で、当初は法相宗だった。阪急線の間に広がる柴島浄水場は1914（大正3）年に建設されている。現在、その間には大阪府立柴島高校が誕生している。この学校は1975（昭和50）年に開校した。柴島高校の南側を通り、北西方向に向かう道路は大阪府道134号熊野大阪線であり、大阪市北区と豊中市を結んでいる。

歴史の古い場所を走る阪急沿線には、寺社の名前を駅名にしている駅は数多い。この崇禅寺駅もそのひとつである。

淡路駅

【所在地】大阪府大阪市東淀川区東淡路4-17-8
【開業】1921（大正10）年4月1日
【キロ程】4.2km（十三起点）　【ホーム】2面4線
【乗降人員】32,164人（2021年度）

京都本線と千里線の接続駅となっている淡路駅は、大阪メトロ堺筋線の列車もやってくる賑やかな駅である。駅の開業は1921（大正10）年4月、北大阪電気鉄道の十三〜豊津間の開通時で、当時は現・京都線の南側と現・千里線の北側を走る路線しか存在しなかった。1925（大正14）年10月、淡路〜天神橋（現・天神橋筋六丁目）間が開通して、現・千里線の南側の路線が誕生。1928（昭和3）年1月、淡路〜高槻町（現・高槻市）間が開通して、現・京都線の北側の路線が誕生している。駅の構造は島式ホーム2面4線の地上駅だが、この駅付近で京都線・千里線の連続立体交差事業が進められていることもあり、2027（令和9）年に4階建ての高架駅に生まれ変わる予定だ。しかし、この完成は2031（令和13）年度にずれ込むという見込みもなされている。駅の所在地は東淀川区東淡路4丁目である。

この淡路駅と連絡可能な新駅として、2019（平成31）年3月、約300メートル北にある場所に開業したのが、おおさか東線のJR淡路駅である。こちらの所在地は東淀川区菅原5丁目で、「菅原」も「淡路」もこのあたりを通過して九州の大宰府に向かった、天神さまこと菅原道真にゆかりの地名といわれている。珍しく「JR」を冠した、JR淡路駅の構造は相対式ホーム2面2線の高架駅である。おおさか東線は、片町線の貨物支線である城東貨物線を利用して、2008（平成20）年3月に放出〜久宝寺間の旅客線が開業。2019（平成31）年3月に放出〜新大阪間が延伸した。このおおさか東線を走る全列車は、東海道本線支線（梅田貨物線）の新大阪〜大阪間に乗り入れ、大阪駅から発着している。

「淡路」の駅名、地名の由来は、諸説あるものの菅原道真が元になったとされており、九州に行く途中の道真が淀川を舟で下っていた際、「ここは淡路島か」と間違えて上陸したという逸話が残されている。また、かつては隣の崇禅寺駅近くに淡路天満宮と呼ばれる神社が存在し、1910（明治43）年に東淀川区東中島の中島惣社に合

祀された。

このたりには江戸時代、西成郡に増島村、高畑村が存在しており、1871（明治4）年に2つの村が合併して淡路村が誕生した。1889（明治22）年、さらなる合併により誕生した新しい西中島村（後に町）の一部となり、1925（大正14）年に大阪市に編入されて、東淀川区の一部となった。東淀川区の区役所は現在、少し離れた駅の東側に置かれている。

さて、淡路〜梅田間の京都線を語る上で忘れてはならないのは、1世紀以上前に完成した淀川の改良工事である。これは現在、淀川の本流となっている新淀川（淀川放水路）を開削し、旧淀川（大川）に毛馬閘門を設置するという大工事で、神崎川と中津川の流路を利用して新しい淀川の流れを造るものだった。難工事は1910（明治43）年に完成し、旧淀川（大川）と分かれてほぼ直線で南西に進む、淀川放水路が誕生した。また、毛馬付近で淀川から分かれて湾曲しながら大阪湾に注いでいた中津川は、長柄運河に変わり、さらに正連寺川と一体化された後、1967（昭和42）年に埋め立てられ、中津川は姿を消した。神崎川は、淀川の分岐点から真っすぐに西に流れて、安威川に合流する現在の形となった。この淀川改修工事は、川の流路の変更だけではなく、大阪市内から北西に向かう鉄道や道路の付け替えをもたらし、住民の生活にも大きな影響を与えたことはいうまでもない。

淡路を発車する100系6両編成。写真右に千里線天神橋筋六丁目方面が分岐。現在、淡路駅周辺は連続立体化工事が行われ、完成後は下り線、上り線が上下2層になって分離される。◎淡路　1972（昭和47）年

淡路駅周辺

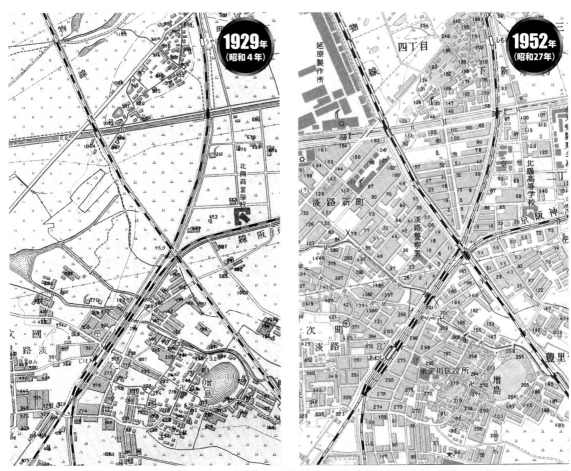

1929年（昭和4年）

1952年（昭和27年）

京都本線と千里線が交わる淡路駅付近の地図である。北側を走る線路は国鉄の貨物線（城東貨物線）だったが、2019（平成31）年に旅客線のおおさか東線として開業し、阪急駅の北東にJR淡路駅が誕生している。当時から阪急線の上をJR線が跨ぐ形で交差していた。北側に見える水路は、現在の東淀川区、淀川区、西淀川区を東西に貫いて、大阪湾と直結していた中島大水道である。江戸時代、神崎川と中津川に挟まれた地域の排水路として建設された後、戦後に埋められて、現在は東海道新幹線の高架下などに変わっている。淡路駅に近い西淡路4丁目には、新太郎松樋の石柱と中島大水道顕彰碑が建てられている。現在、地図外の東側にある東淀川区役所は戦後の一時期、淡路駅の東側に置かれていた。その東側に見えている大きな池（西心坊）は埋め立てられて、地域住民の憩いの場、東淡路町公園に変わっている。

P‐5と呼ばれた新京阪10系4両編成の天神橋行。手前（最後部）は電動車21。1925年に千里線用として登場し、新京阪時代は電動車がデロ10形、制御車がフロ50形とされ、戦後も1963年まで千里線で運行された。ホーム反対側1号線に100系が停車中。
◎淡路
1956（昭和31）年11月18日
撮影：荻原二郎

淡路駅3号線を発車し千里線に入る地下鉄堺筋線から直通の3300系北千里行。
◎淡路
1970（昭和45）年2月6日
撮影：小川峯生

淡路を発車する天神橋発河原町行3300系。右方向が京都線、左方向が千里線。後方（京都、千里山方）に見える鉄橋は国鉄城東貨物線（現・おおさか東線）。
◎淡路
1969（昭和44）年11月3日
撮影：小川峯生

淡路4号線を出発する1600系6両の急行河原町行。京都方2両は2ドア車である。1600系は1957年に京都線に登場。旧形車100形の主要機器を利用し台車は新製。2ドア、ロングシートで登場したが1968～72年に3ドア化された。
◎淡路
1970（昭和45）年2月6日
撮影：小川峯生

淡路に到着の3300系河原町発十三行普通。3300系は1967年に登場した大阪市営地下鉄堺筋線との直通用車両だが、京都線、千里山線内列車としても運行された。
◎淡路
1970 (昭和45) 年2月6日
撮影：小川峯生

淡路に到着する700形702を先頭にした北千里発梅田行。700系は1948年に京都線用として登場した運輸省規格型電車で2ドア、2段上昇窓が特徴。2両目と5両目は戦時中製造の制御車300形（戦後に旧1300形となる）を付随車化して700系に組み込んだ750形。
◎淡路
1970 (昭和45) 年2月6日
撮影：小川峯生

大阪市営地下鉄（現・大阪メトロ）60系の試運転。1969年12月6日、京都線高槻市、千里線北千里と大阪市営地下鉄堺筋線動物園前との間で相互直通運転が開始された。大阪市60系は1969年登場でアルミ車体、大阪地下鉄初の1500V、架空電車線式。
◎淡路
1969 (昭和44) 年11月3日
撮影：小川峯生

上新庄駅

【所在地】大阪府大阪市東淀川区上新庄2-24-5
【開業】1928(昭和3)年1月16日
【キロ程】6.3km(十三起点) 【ホーム】2面2線
【乗降人員】37,683人(2021年度)

阪急京都線の中でも長いホーム、通路をもつことでも知られる上新庄駅。1928(昭和3)年に駅が開業した当時は、現在地よりもやや南側に位置していた。当時は地上駅だったが、その後、1975(昭和50)年、大阪内環状線(当時は大阪府道、現・国道479号)の立体交差化に伴って京都側(北側)に移動した。このときに、内環状線の島頭踏切の交通渋滞が緩和され、駅舎は北方向(京都側)に移設されて高架化が実現した。このことにより、南口と北口の間を通る大阪内環状線の真上に長いホーム、通路が誕生したのである。

上新庄駅の所在地は大阪市東淀川区上新庄2丁目で、駅の構造は相対式ホーム2面2線を有する高架駅となっている。駅南口に建てられている上新庄阪急ビル(上新庄阪急プラザ)には、多くのテナントが入店している。また、この南側には東海道新幹線が走っている。この東海道新幹線と京都本線の間に位置し、京都線のホームから見える校舎が関西大学北陽高校で、北陽高校時代からスポーツの強豪校として知られ、特にサッカー、野球の双方で名門校としての地位を保ってきた。

阪急の千里線には下新庄駅があるように、このあたりには古くから上新庄村、下新庄村が存在し、

1889(明治22)年に両村が一緒になって、西成郡新庄村が成立している。その後、1925(大正14)年に大阪市に編入された際には、東淀川区で上新庄町、下新庄町が分かれることになった。この東淀川区からは、1942(昭和17)年に一部が旭区に編入されたほか、1943(昭和18)年に大淀区が分離され、一方で西淀川区の一部が編入されるなど区域の変更が行われている。

1970(昭和45)年、淀川に架橋された豊里大橋を渡れば、大阪市旭区の太子橋地区で、このすぐ東側は守口市となっている。ここには阪急京都本線と同じ会社(京阪)の路線だった京阪京都本線が走り、守口市駅ほかが置かれている。また、現在では大阪メトロの谷町線、今里筋線が延伸して、太子橋今市駅などが置かれている。「太子橋」は、太子橋1～3丁目の住居表示がある旭区の地名となっているが、もともとこのあたりは豊里町、橋寺町と呼ばれており、聖徳太子(豊里太子)と橋本寺にゆかりの深い場所だった。一方、内環状線が神崎川を渡る吹田大橋は、上流の高浜橋に代わる吹田市中心部へのメインルートとなっており、千里線の吹田駅に至っている。

淀川に架かるA型斜張橋の豊里大橋は、大阪市東淀川区豊里と旭区太子橋を結んでおり、内環状線(国道479号)が走る橋である。このあたりの両岸には淀川河川公園が広がっている。ここには1970(昭和45)年まで、淀川最後の渡船場である平田(へいた)の渡しが残っていた。

上新庄駅周辺

駅の東西に島頭町、上新庄町といった地名が見える、阪急京都本線の上新庄駅付近の地図である。「島頭」の地名は、淀川を隔てた対岸の門真市にも存在しており、島頭天満宮が鎮座している。東淀川区の「島頭」の由来は芦原の中に隆起していた場所であったからとされ、1935（昭和10）年に小松町、南大道町が島頭町になった。しかし、1980（昭和55）年に小松1丁目、瑞光1丁目に変わり、島頭の地名は消えている。戦前には家屋が少なく、集落も小さかった上新庄駅周辺も、戦後は次第に賑やかな街が形成されていった。駅の北西には三島製紙工場なども誕生している。上新庄駅のすぐ北西に見える「文」は、1875（明治8）年に西成郡新庄村の小学校として開校した、現在の大阪市立新庄小学校で、「ベルサイユのばら」で有名な漫画家の池田理代子氏の出身校である。現在、駅の南側には東海道新幹線が走っている。

上新庄駅付近を走る７００系新幹線。新大阪駅はすぐそこであり、鳥飼車両基地も近い場所にある。

相川駅

【所在地】大阪府大阪市東淀川区相川1-7-24
【開業】1928（昭和3）年1月16日（吹田町→京阪吹田→吹田東口→相川）
【キロ程】7.2km（十三起点）　【ホーム】2面4線
【乗降人員】13,822人（2021年度）

1928（昭和3年）年1月、新京阪鉄道の淡路〜高槻町間の開通に合わせて、吹田町駅が開業した。これは現在の相川駅で、その後、駅名を変遷した歴史がある。隣の正雀駅付近に「阪急正雀」の地名があるように、この駅の西側には「新京阪橋」が架橋されており、この地域が新京阪鉄道（線）、阪急京都線とともに発達したことを示している。

吹田町駅は新京阪鉄道が京阪電鉄と合併した後の1940（昭和15）年6月に京阪吹田駅に改称。1943（昭和18）年10月、今度は阪急電鉄と合併して、京阪神急行電鉄の駅となったことで、吹田東口駅となった。現在の駅名である「相川」になるのは、1954（昭和29）年5月である。駅の所在地は大阪市東淀川区相川1丁目である。駅の構造は相対式ホーム2面4線を有する高架駅となっている。

「相川」の駅名、地名は、この地を流れる「安威川（あいがわ）」に由来する。安威川は京都府亀岡市、大阪府高槻市内に端を発する川で、この相川駅付近で神崎川に合流する淀川水系の一級河川である。茨木川、正雀川は支流であり、総持寺駅と南茨木駅の中間で京都本線の下をくぐって南東に流れ、相川駅の北側で再び京都本線の下を通って、吹田大橋のすぐ上流で神崎川と合流している。茨木市内には、中臣氏ゆかりの「安威（藍）」という地名が残っており、藤原（中臣）鎌足の創建と伝わる阿為神社が鎮座している。

地図を見ると、相川駅周辺はこの安威川と神崎川に挟まれた中洲のような場所であることがわかる。かつては農村地帯であったが、相川駅の開業によって駅周辺が区画整備され、特徴的な半円形の道路もこのときに形成された。すぐ北東には大阪成蹊大学、大阪成蹊女子高校が存在している。1933（昭和8）年に開校した高等成蹊女学校（現・大阪成蹊女子高校）をルーツとする大阪成蹊大学は、2003（平成15）年に開学。かつては長岡京キャンパスも存在したが、2012（平成24）年にこの相川キャンパスに統合されている。

相川駅の西側を流れる安威川には、吹田市中心部と相川駅付近を結ぶ新京阪橋が架橋されている。その名の通り、新京阪鉄道の開通、駅の誕生により誕生した橋であり、橋の数が比較的少ないこのあたりでは、多くの住民が利用する橋となっている。現在の橋は1968（昭和43）年に架橋されたものである。

相川駅の南東を流れる神崎川では、東海道新幹線と交差する付近に江口橋が架けられている。このあたりは、東淀川区の北江口、南江口地区であり、古来では江口と呼ばれる重要な場所だった。名前の通り、江口は淀川と三国川（現・神崎川）が分岐する地点で、かつての京（都）から山陽道、南海道の各国に至る水上交通の要所となっていた。ここにあった江口宿は、遊女たちの存在で有名で、歌人として知られる西行と歌問答をした江口の君（妙）という女性は、南江口3丁目にある日蓮宗の寺院、寂光寺に供養塔や塚が残っており、ここは江口君堂とも呼ばれる尼寺となっている。

相川駅付近を走る阪急電車。手前は
安威川に架かる新京阪橋。

相川駅周辺

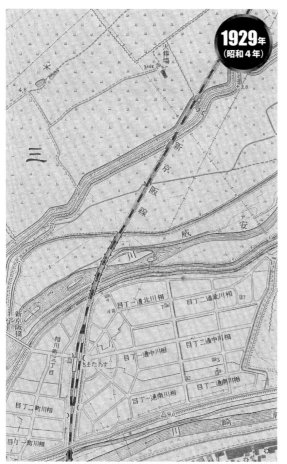

1929年
（昭和4年）

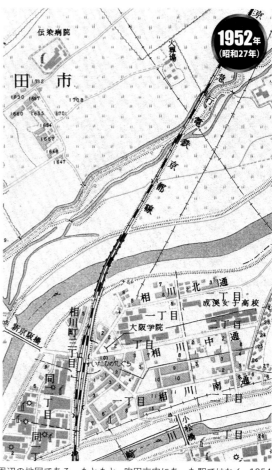

1952年
（昭和27年）

戦前には吹田町駅、戦後には吹田東口駅を名乗っていた現在の相川駅周辺の地図である。もともと、吹田市内にあった駅ではなく、1954（昭和29）年に相川駅と改称している。神崎川と安威川が合流する付近の中州に置かれた駅であり、戦前の地図では集落が描かれていない。駅の東側には放射状に道路が延びており、新しく住宅地が開発されようとしていたことがうかがえる。一方、西側の安威川には新しい橋として、新京阪橋が架橋されている。戦後の地図では、東口側に戦前にやってきた成蹊女子学校、大阪学院（学園）が見え、現在は大阪成蹊大学、（私立）大阪高校となっている。一方、西口側に家屋が多く建てられている。なお、相川駅がある大阪市東淀川区出身の歌手、相川七瀬（芸名）は、同区上新庄の生まれであり、この相川駅が芸名の由来ともいわれるものの、本人は「都市伝説です」と否定している。

京都線を走る名車100系4両編成の河原町発十三行。100系は1971年11月改正で急行運用がなくなり、最後は千里線で運行され1973年3月に引退した。
◎相川〜正雀
1970（昭和45）年2月19日
撮影：荻原俊夫

正雀駅

【所在地】大阪府摂津市阪急正雀1‐1
【開業】1928(昭和3)年1月16日
【キロ程】9.4km(十三起点)　【ホーム】2面4線
【乗降人員】12,337人(2021年度)

新京阪鉄道の開通に合わせて、1928(昭和3)年1月に淡路～高槻町間に、この正雀駅が開業した。1923(大正12)年に設置された国鉄の吹田操車場が付近にあったものの、東海道本線に旅客駅は存在せず、現在の摂津市においてはこの正雀駅が初めての旅客駅となった。駅の所在地は摂津市阪急正雀で、鉄道会社(私鉄)の「阪急」が含まれる珍しい地名(字名)である。駅の構造は島式ホーム2面4線の地上駅で、橋上駅舎を有している。橋上駅舎は1980(昭和55)年に設置された。駅の北側に隣接して阪急の正雀工場が存在していることは鉄道ファンには広く知られている。1980年代には、駅の平均乗降者数が3万人台を保っていたが、隣の摂津市駅が新設されたことなどにより、2010年代には1万8000人前後に減少している。

さて、駅の北側、東海道本線の線路との間に広がる正雀工場は、1928(昭和3)年9月に新京阪鉄道の正雀工場として竣工している。その後、京阪神急行電鉄(阪急)の正雀工場となり、1968(昭和43)年、宝塚・神戸本線の西宮工場と合併し、阪急と能勢電鉄の車両を対象とする新しい正雀工場となった。このときには、旧工場の横にあった山陽特殊製鋼の工場跡地を買収して用地を拡大している。工場では全線の車両の管理・修理を行い、併設されている正雀車庫には京都本線・嵐山線・千里線の車両が所属している。

正雀駅のすぐそばには、戦前から国鉄の吹田操車場が存在していたが、戦後の1947(昭和22)年4月、京都寄りの正雀駅に近い場所に岸辺駅が開業した。岸辺駅の所在地は吹田市岸部南1丁目で、駅名は「岸辺」、地名は「岸部」と異なる表記となっている。なお、摂津市の市域は東海道本線の北側にも広がっているものの、岸辺駅の位置はその南にあたっている。岸辺駅は1970(昭和45)年に駅舎が改築された後、2012(平成24)年に橋上駅舎となり、北口が開設された。駅の構造は島式ホーム2面4線の地上駅である。

また、岸辺駅の西側、現・吹田市原町4丁目付近(当時は千里村)には、戦前から戦後にかけて、大阪中央放送局(JOBK、現・日本放送協会)の千里放送所が存在した。現・吹田市の千里山地区では戦前から郊外住宅地が開発されて、都市通勤者の人口が増加したことから、JOBKはこの地域のラジオ聴取者に電波を送るための千里放送所を設置したのである。戦後も存在した千里放送所は、1951(昭和26)年、新しく堺放送所が誕生したことで閉所された。

「正雀」の地名の由来は、正雀駅下を流れる「正尺川」から転訛したといわれている。駅の北西にあたる吹田市の岸部北地区では、国の史跡に指定されている七尾瓦窯跡が発見されており、他にも瓦や須恵器を焼成した遺跡が出土していることから、焼物作りに適した土地だったと考えられ、「岸部」「吉志部」などの地名も見られる。開業前の正雀駅付近は、一面に田畑が広がる田園地域であった。正雀駅周辺は戦後に開発された住宅地が広がり、駅前には大阪学院大学のキャンパスが存在している。また正雀工場そばには銭湯が現存するなど、鉄道の街として隆盛を誇った時代の名残も感じられる。

地上駅舎だった頃の正雀駅のホーム。駅名表示板には、左が茨木町方向、右が吹田町方向と記されている。
◎1928(昭和3)年頃
提供：摂津市

正雀駅周辺

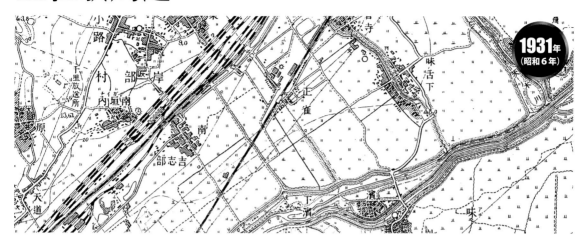

1931年
(昭和6年)

1970年
(昭和45年)

現・阪急京都線の正雀駅周辺の2枚（戦前・戦後）の地図である。戦前においては、このあたりには地図に見える岸部村のほか、味舌（ました）村、味生（あじふ）村などが存在していた。1956（昭和31）年に味舌町、味生村、鳥飼村が合併して、三島町が成立。1966（昭和41）年に市制を施行して摂津市となっている。一方、岸部村は1940（昭和15）年に吹田町、千里村などと合併して吹田市に変わっている。戦前、東海道本線にあった客車修繕工場はその後、吹田操車場に発展し、1947（昭和22）年に岸辺駅が開業している。吹田操車場は現在、吹田貨物ターミナル駅となっている。正雀駅には隣接して阪急の正雀工場が存在し、戦後にその用地を拡大させている。この南側に見える「文」は、大阪学院大学のキャンパスで、1940（昭和15）年に大阪市内に創設された関西簿記研究所をルーツとしている。

橋上駅舎に変わる前の正雀
駅の地上駅舎。1980（昭和
55）年頃まで、このような
風景が見られた。
◎1980（昭和55）年
提供：摂津市

摂津市駅

【所在地】大阪府摂津市千里丘東4‐1‐1
【開業】2010（平成22）年3月14日
【キロ程】10.9km（十三起点）　【ホーム】2面2線
【乗降人員】9,853人（2021年度）

摂津市駅は2010（平成22）年3月に南茨木～正雀間に開業した、京都本線の中でも歴史の新しい駅である。「摂津市」は、1966（昭和41）年に三島町が市制を施行して誕生した大阪府下28番目の市であり、新たな街の玄関口として駅が新設された。駅の所在地は、摂津市千里丘東4丁目である。

現在の大阪府は、江戸時代以前の摂津、河内、和泉という三国から成り立っていることを多くの人がご存じだろう。「摂河泉」といわれる3つのうち、摂津は大阪府の北西部にあたり、現在の西宮市や神戸市も含む大きな国だった。JRの東海道本線には、摂津本山駅（神戸市）や摂津富田駅（高槻市）があり、広い面積だったことがわかる。大阪府中西部にある面積14・87平方キロメートルの小さな市が、大きな旧国の名称を付けたことは、ある意味で意外かもしれないが、大阪府には和泉市や河内市（現・東大阪市）という先例があり、全国的にも珍しくはない。摂津市が誕生する前に存在した三島町は、1956（昭和31）年に三島郡の味舌村、味生村、鳥飼村が合併して成立している。

摂津市駅の構造は、相対式ホーム2面2線を有する地上駅。2023（令和5）年度に高架化の工事が始まり、2033（令和15）年度に完了する計画となっている。この南東には、1997（平成9）年に開業した大阪モノレールの摂津駅が存在する。こちらは島式1面2線の高架駅である。また、北東には東海道本線の千里丘駅が置かれている。これに正雀駅を加えた4駅が、摂津市内にある鉄道駅である。

摂津市を語る上で、忘れることができないのは、摂津市駅からはやや離れた場所にある新幹線の鳥飼車両基地である。JR東海の関西支社に所属する東海道・山陽新幹線の車両基地・車両工場で、東海道新幹線が開業した1964（昭和39）年に開設された。付近には本線から引き込み線が分かれる鳥飼信号場が存在している。この車両基地は、安威川に近い場所にあり、水害の被害にさらされたこともあった。

「鳥飼」は、平安時代前期に宇多天皇の離宮、鳥飼（養）院があった場所である。「大和物語」には、この鳥飼院で天皇が詩歌管弦の遊びを催したとき、貴族だった大江玉淵の娘（遊女）と、歌のやりとりをしたという記述が残されている。淀川沿いには、天皇や貴族の離宮、別荘があり、鳥飼、江口には学識の高い、才能にあふれた遊女が多数いたということを物語るエピソードである。

ズラリと車両が並んでいる新幹線の鳥飼車両基地。低い土地にあり、浸水する危険もあった。

摂津市駅周辺

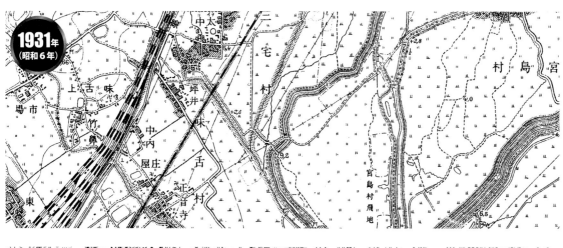

1931年
（昭和6年）

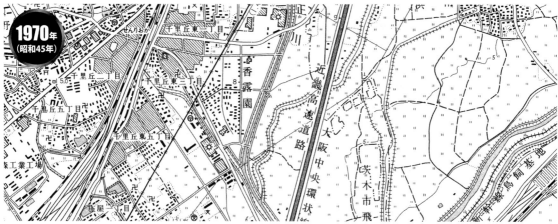

1970年
（昭和45年）

戦前の地図においては三島郡の味舌（ました）村、三宅村、宮島村の文字が見えるものの、田畑が広がる場所であり、東海道本線、新京阪線（現・阪急京都線）の双方ともに駅が置かれていない。この３つの村のうち、宮島村は1935（昭和10）年に溝咋村と合併して、玉島村となっている。三宅村は1957（昭和32）年に茨木市に編入されたが、後に一部は三島町（現・摂津市）となっている。味舌村は町制を施行して味舌町となった後、1956（昭和31）年に味生村、鳥飼村と合併して三島町となっている。戦後の地図では、1938（昭和13）年に開業した国鉄の千里丘駅が見える。この千里丘駅は、当時の味舌村の北端に置かれた鉄道駅だった。地図の右下には、JR新幹線の鳥飼車両基地が見えている。摂津市の新しい玄関口として、阪急京都本線に摂津市駅が開業するのは、2010（平成22）年である。

二酸化炭素の排出量を削減する、日本初のカーボン・ニュートラル・ステーションとなった摂津市駅。2010（平成22）年に竣工した。

『摂津市史』に登場する阪急京都線

新京阪電鉄の開通と正雀駅

　本市域には、明治以来、東海道線が通っていたが、まだ駅は設置されていなかった。ところが、昭和３年、新しく新京阪電鉄路線（現在、阪急電鉄京都線）が開通し、正雀駅が設置されることになった。

　京阪間を結ぶ私鉄として、京阪電鉄が、すでに明治43年４月15日に天満橋から淀川左岸を走って京都五条まで、開通していた。しかし、その軌道はカーブが多く、スピードアップも思うにまかせなかった。そのうえ、東海道線沿線の開発に注目した京阪電鉄は、淀川右岸にもう１本、理想的設計による京阪間連絡鉄道の建設を計画した。そこで、大正11年に子会社として新京阪電鉄を設立し、この鉄道の建設に当たらせることとしたのである。新京阪の計画では、本線のほかに、その西側をほぼ平行して、吹田から三宅（現在、茨木市宇野辺）を経て高槻に至る支線も計画され、14年６月に追加申請されているが、この支線は結局認可されなかった。かくて、14年10月15日には、まず天神橋ー淡路間が開通した。ついで、15年に第１工区の上新庄ー正雀間および茨木町ー高槻町間、昭和２年に第２工区の正雀ー茨木町間を着工した。２年３月、新京阪が味生村管理悪水路に鉄橋橋脚の建設を無断で着手した事件もあったが、３年１月16日に、天神橋ー高槻町間が開通した。この時、正雀駅が味舌村内に設けられ、これが本市域内における最初の近代的交通機関の駅となった。

　新京阪電鉄は引き続いて同年11月１日に高槻ー西院間を開通させ、ここに京阪間を結ぶ３本目の鉄道が完成した。なお、大阪の梅田方面へも、同社の淡路ー十三線（大正10年４月１日、北大阪鉄道により開通。12年に買収）で十三へ出て、そこから阪急電鉄線に乗り換えることにより連絡が可能であった。

　新京阪電鉄は、昭和５年９月15日に、親会社の京阪電鉄に合併されて京阪電鉄新京阪線となり、10月には特急電車を設けて、天神橋ー西院間をノンストップ34分で走らせた。同月、国鉄東海道線に看板列車として特急つばめが登場したが、大阪・京都府境の山崎付近の並走区間では、新京阪の特急がつばめを追い抜き、喝采を博した。当時、国鉄・私鉄ともにスピード・アップを競い、

いわゆる「スピード時代」を現出したが、中でも新京阪は最高水準の線路・車輌・速度で京阪間を結ぶことを目的として作られただけに、関西一の高速鉄道を誇るものであった。翌６年３月31日には、西院ー大宮間を開通させて、京都の都心への乗入れも果たした。

　なお、３年の新京阪電鉄開通とともに、正雀に車輌整備工場（現在、阪急電鉄正雀工場）が設置されているが、企業内工場という性格上（産業分類上の工業に入らない）、本市域に工業化の流れを起こす端緒とはなり得なかった。これは、10年あまり後に起こる本市域北部への大工場進出ブームの流れの中で、その１つの核としての役割を担うにとどまった。また、国鉄東海道線では、京阪間の複々線化が計画され、４年１月20日に吹田ー茨木間、５年９月25日に茨木・高槻間の工事が完成しているが、本市域には、用地買収のほかは、大した影響をもたらさなかった。

　新京阪電鉄の開通は、本市域にとっても、大きな意義を持つものであった。大阪市の中心部と直結する最初の鉄道であったというだけでなく、正雀駅の開設は、市域の発展、とくに北部の新たな発展にとって、大きな役割を果たすことになった。正雀駅付近には、さっそくに新しい住宅や店舗が建ちはじめ、人口がしだいに増えだした。そこで、４年２月７日には、味舌村の大字正音寺の一部を主体として、大字庄屋の小部分、大字味舌の僅少部分を加えて、大字正雀が分画制定された。６年４月１日には、早くも特定郵便局（無集配）として正雀局が開局している。また、９年６月１日には、府道正雀停車場ー正音寺線が新設されている。これは、府道網からはずれたところにできた正雀駅を府道守口ー茨木線に連絡させるために取られた処置であった。

（中略）

電車運行の改善

　鉄道については、戦前の段階ですでに現在の市域内の路線や駅がすべてでき上がっていたが（新幹線を除く）、京阪神急行電鉄新京阪線（現在、阪急電鉄京都線）に関しては運行系統の面で若干の変化が見られる。すなわち、終戦直後の混乱した輸送事業がようやく一段落し始めた23年８月から、京阪神急行電鉄は新京阪線（京都ー淡路ー天神橋）急行電車の一部の十三経由梅田乗入れを開

始した。それまで、京阪電鉄時代以来の伝統から、新京阪線京都－淡路間を通る電車はすべて淡路から天神橋へ向かっていたため、正雀から大阪・梅田方面へ出ようとすると、淡路と十三で2度乗り換える必要があったが（千里山線の電車も34年までは十三止まり）、淡路で急行に1度乗り換えるだけで良いことになり、国鉄にくらべて不便であった梅田方面への連絡はかなり改善されることになった。

なお、京阪神急行電鉄は、24年12月、淀川左岸の路線がもとの京阪電鉄に復して分離されたが、新京阪線は京阪神急行電鉄内に残され、その京都線となった。

国鉄では、22年4月に岸部駅が開設されている。駅自体は吹田市域であるが、本市域に近接した位置にあり、正雀地区は大部分その1キロメートル圏内に入っている。したがって、阪急正雀駅から梅田方面への連絡が悪かったころには、この駅の開設は正雀地区にもある程度の影響を与えたであろう。

「新鮮さいちばん!! 渥美屋」の大きな看板が見える摂津市の商店街風景。手前には、割烹着を着た主婦が乳母車を押している。
◎提供：摂津市

南茨木駅

【所在地】大阪府茨木市天王2- 6-14
【開業】1970（昭和45）年3月8日
【キロ程】12.9km（十三起点）　【ホーム】2面2線
【乗降人員】31,050人（2021年度）

　1970（昭和45）年に大阪・千里丘陵で開催された日本万国博覧会（大阪万博）は、阪急沿線の諸地域に大きな影響を与えたイベントだった。その最も顕著な例が、正雀～茨木間における南茨木駅の新設であり、万博開催直前の1970（昭和45）年3月8日に開業している。その場所は、京都本線が大阪府道中央環状線・近畿自動車道と交差する地点で、万博開催期間中には、この駅から会場のメインゲートへ向かうバスにより、入場者のピストン輸送が行われた。その後、1990（平成2）年6月に中央環状線・近畿自動車道と同じルートで、万博中央公園・千里中央方面と結ばれる大阪モノレール本線も開通している。

　阪急の南茨木駅の構造は、相対式ホーム2面2線をもつ地上駅で、橋上駅舎を有している。2018（平成30）年6月18日に発生した大阪北部地震では、駅舎（南茨木阪急ビル）が損害を受け、一時的に営業を休止し、翌日に営業を再開している。駅の所在地は茨木市天王2丁目である。一方、北側で接続する大阪モノレール本線の南茨木駅は、茨木市若草町に位置している。当初は東側の終着駅だったが、1997（平成9）年8月に門真市駅まで延伸して途中駅となった。

　南茨木駅の西側にあたる東海道本線沿いには、神戸製鋼所茨木工場、東洋製罐茨木工場が置かれている。この北側には近畿自動車道、中央環状線、大阪モノレール本線が通っており、北西には大阪モノレール本線の宇野辺駅が存在する。この駅は1990（平成2）年6月に開業しており、当初の駅名は「茨木」だった。しかし、JRの茨木駅とはかなり距離があって、乗り換えは不便だったことから、1997（平成9）年に現在の駅名である「宇野辺」に改称した。駅の所在地は茨木市宇野辺である。

　南茨木駅、宇野辺駅がある茨木市は、1948（昭和23）年に三島郡の茨木町、三島村、春日村、玉櫛村の1町3村が合併して成立している。このうち、茨木市の南部はもとは玉櫛村となっていた。南茨木駅の東側には「玉櫛」や「真砂」、南側には「沢良宜（さわらぎ）東町」や「沢良宜西町」といった住居表示が存在しているが、こうした集落が一緒になって、1889（明治22）年に玉櫛村が誕生したのである。南茨木駅の南西にあたる元茨木緑地には、佐和良義（さわらぎ）神社が鎮座しており、火の神様である「加具土（かぐつち）大神」を祀っている。この「沢良宜」の地名は、大阪モノレール本線が延伸した1997（平成9）年8月、南茨木駅の隣駅の駅名として採用された。駅の所在地は茨木市高浜町で、この駅は大阪モノレール本線の中では最も乗降人員が少ない。

　西側を走る東海道本線には、この南茨木駅と連絡できる駅は存在しないが、沢良宜駅の西側には千里丘駅が置かれている。千里丘駅は1938（昭和13）年12月に開業している。島式ホーム2面4線を備えた地上駅で、橋上駅舎を有している。駅の所在地は摂津市千里丘1丁目で、隣の茨木駅とは2・9キロ、岸辺駅とは1・7キロ離れている。

阪急京都本線と大阪モノレール本線の連絡駅となっている南茨木駅の橋上駅舎。奥には近畿自動車道が見えている。

南茨木駅周辺

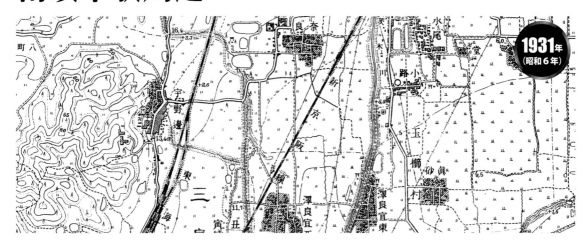

1931年
（昭和6年）

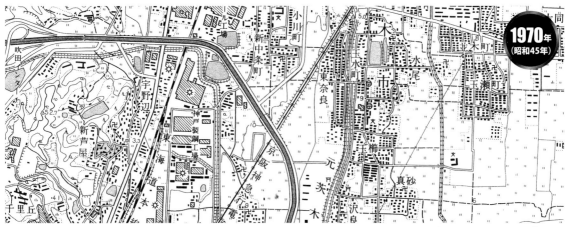

1970年
（昭和45年）

戦前、戦後を通じて、地図上には見えない南茨木駅付近の地図である。近畿自動車道と交差する付近の阪急京都本線に新しい駅が置かれるのは。日本万国博覧会（大阪万博）が開催された1970（昭和45）年であり、1990（平成2）年に大阪モノレール本線の駅が開業している。南茨木駅の所在地は茨木市天王2丁目（阪急）、若草町（大阪モノレール）で、南北に長く延びている茨木市の南部に位置している。戦前の地図で見える「沢良宜（さわらぎ）」の地名は、古来ここにあった沢良宜荘に由来し、沢良宜東、沢良宜西、沢良宜浜などの大字が集まって、1889（明治22）年に地図に見える玉櫛村が成立した。「玉櫛」の村名は玉櫛姫神社から採られている。1997（平成9）年、南茨木駅から門真市駅まで延伸した大阪モノレール本線には隣駅として沢良宜駅が誕生している。その所在地は茨木市高浜町である。

3300系6両の地下鉄直通
動物園前行。
◎南茨木〜茨木市
1975（昭和50）年8月
撮影：山田 亮

1600系４両の河原町行。1600系は1968〜72年に順次３ドア化された。この梅田方1605の編成は1983年に引退した。
◎南茨木〜茨木市　1975（昭和50）年８月　撮影：山田 亮

2800系2811先頭の特急梅田行。この2811は1964年5月に運転開始された2800系第1編成（梅田方2801）の中間に組み込まれていたが、後に梅田方先頭になった。2800系は1971～72年に順次8両編成となった。
◎南茨木～茨木市　1975（昭和50）年8月　撮影：山田 亮

大阪市営地下鉄60系5両の高槻市行。地下鉄堺筋線動物園前から直通。
◎南茨木～茨木市
1975（昭和50）年8月
撮影：山田 亮

茨木市駅

【所在地】大阪府茨木市永代町1-5
【開業】1928（昭和3）年1月16日（茨木町→茨木市）
【キロ程】14.8km（十三起点）　【ホーム】2面4線
【乗降人員】44,575人（2021年度）

　茨木市は、高槻市と並んで、京阪間における主要都市のひとつで、人口は約28万9000人。高槻市は人口約34万9000人であるから、ほぼ同じ規模である。1876（明治9）年7月、官設鉄道が大阪～高槻間に路線を開いたとき、同年8月（翌月）にいち早く途中駅として、当時の島下郡茨木村に茨木駅を設置している。約半世紀後の1928（昭和3）年1月、新京阪鉄道（現・阪急京都線）が、同様に大阪と京都を結ぶルートの一部となる淡路～高槻市間の路線を開業した際、茨木町（現・茨木市）駅を置いたのは当然のことであった。現在の地図を見ても、茨木神社、茨木市役所を挟んで、ほぼ同じ距離に両線が走り、西に茨木駅、東に茨木市駅があることがわかる。

　茨木町駅は、1948（昭和23）年1月、茨木町が市制を施行して、茨木市になったことを受けて、茨木市駅に変わった。1981（昭和56）年から、駅付近で連続立体交差事業が始まり、1988（昭和63）年に上り線、1990（平成2）年に下り線が高架化された。この連続立体交差事業は1992（平成4）年に完成している。高架化された茨木市駅は改札口、コンコースが2階、ホームは3階に位置している。駅の構造は待避設備を備えた島式ホーム2面4線の高架駅である。

　茨木市駅の東側には、安威川が流れている。この安威川は駅北側で京都本線の下をくぐり、南に向かって流れてゆく。上流では、総持寺駅付近の東海道本線の北側で茨木川と合流している。さらに上流では勝尾寺川と合流して流れているが、本流部分は佐保川と呼ばれている。茨木川が現在のような流れとなったのは、1935（昭和10）年の洪水後で、1941（昭和16）年に付け替えられた下流部分は、1949（昭和24）年に廃川となった。茨木城跡や茨木神社にも近い、茨木市中心部を流れていた旧流路は、元茨木川緑地（桜通り）として整備され、市民の憩いの道になっている。

　「茨木」という地名の由来は、

このあたりにイバラの木が茂っていたことによるとされる。箕面の勝尾寺に残る鎌倉時代の「勝尾寺文書」には、「島下郡中条茨木村」という記述があり、茨木城は南北朝時代に楠正成が築いたという説もある。この茨木城は室町時代に茨木氏の居城となり、織田信長の支配下に置かれたが、荒木村重との戦いに敗れて、茨木城も落城した。その後、城主は中川清秀に変わり、さらに関ヶ原の戦い後には片桐且元・貞隆兄弟が城主となる。江戸時代初期の大坂夏の陣の後、茨木城は廃城となり取り壊された。この茨木城跡には現在、茨木市立茨木小学校があり、城の櫓門が復元されている。また、搦手門は茨木神社に移築されて東門になっている。茨木城跡周辺は、旧城主の名前を付けた茨木市片桐町となっている。

　茨木市駅、茨木駅の北西、名神高速道路を越えた先には、関西の老舗ゴルフコース、茨木カンツリー倶楽部が広がっている。千里丘陵の北東部にあり、1922（大正11）年に関西財界の広岡久右衛門、加賀正太郎らが中心になって建設計画が進められ、翌年（1923年）に設立認可を受けた。この茨木カンツリー倶楽部では、宮本留吉プロが専属となって活躍。戦前において、日本プロゴルフ選手権、日本オープンゴルフ選手権などが開催された名門コースとなり、現在に至っている。

茨木市の玄関口のひとつとなっている阪急の茨木市駅。

茨木市駅周辺

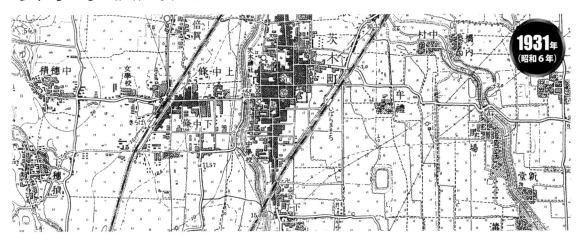

1931年
（昭和6年）

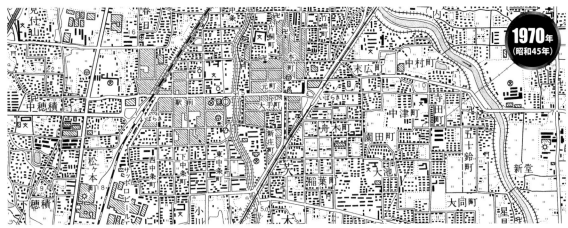

1970年
（昭和45年）

阪急の茨木市駅、JRの茨木駅が存在している茨木市中心部の地図である。西側にある東海道本線の茨木駅は1876（明治9）年、東側の新京阪鉄道の茨木町（現・茨木市）駅は1928（昭和3）年に開業している。戦前の茨木町駅付近には農地が広がっており、市街地は茨木川が流れる東側に存在していた。戦後の地図では、茨木市駅の西口側が整備されて、茨木駅方向に延びる道路も開通している。この沿道南側に位置する茨木市役所は現在もそのままである。国鉄の茨木駅の北東に見える女学校は、現在は大阪府立春日丘高校に変わっている。この学校は1911（明治44）年に三島女子技芸学校として創設され、三島（実科）高等女学校、茨木高等女学校に改称した後、戦後の1948（昭和23）年に春日丘高校となっている。茨木神社の北側にある「文」は茨木市立茨木小学校で、西側には市立養精中学校がある。

地上駅時代の茨木市を高速で通過する5300系8両の河原町行特急。2800系登場後も運用の都合で2300系、5300系ロングシート車が特急運用に入ることがあった。茨木市駅付近の連続立体交差化事業は1981年に着手され、1988年8月上り線、1990年6月下り線が高架化され、最終完成は1992年3月。
◎茨木市
1975（昭和50）年8月
撮影：山田 亮

『茨木市史』に登場する阪急京都線

新京阪の計画から敷設へ

京都－大阪間に新京阪鉄道株式会社が新路線を敷き（現在の阪急京都線）、昭和3（1928）年に茨木町駅（現在の阪急茨木市駅）が開業した。その背景には、大正半ば、第1次大戦の好景気で鉄道ブームが再燃し、箕面有馬電鉄が十三－神戸間に新線を計画した（現在の阪急神戸線）ことが契機となり、淀川西岸でも京都－大阪を結ぶ電鉄が各所で計画された。大正7（1918）年4月には、京阪電鉄が野江と淀の間に、城北村（大阪市旭区）付近で淀川を渡って西岸の吹田・茨木・高槻を通り、山崎を経て桂川を渡って淀に至る支線の敷設を出願した。その後、12月には、山崎から長岡・桂を経て四条大宮に至る延長線を追願し、翌1919年7月、鉄道院は京阪電鉄に対し、その特許状を付与した。他の申請を退け、京阪電鉄が認可された理由は、新線が既存の京阪電鉄に与える影響が大きいこと、京阪電鉄が摂津電気や安威川水力電気を買収し、三島郡一帯に電気を供給していたことが重視された。

ただ、この特許状には大阪の起点を野江経由で天満橋とするのではなく、別に求めよという重大な事項が付けられていた。そのため、大阪の新起点をどこにするか、なかなか決まらず、一時は鉄道省から城東線の廃線払い下げが決定したものの、大阪府・市の反対に遭い、別の起点を探すことになった。

そこで、大正11（1922）年4月、十三－千里山間に路線を持つ北大阪電鉄株式会社（1918年設立、1921年運輸開始）の過半数の株を得て実権を握った（のちに買収）。同社は淡路－天神橋筋6丁目（天六）間に未成の免許線を持ち、ここを開業して天六を大阪の起点として認可を申請した。この新路線は新会社で進めることになり、同年12月29日に「新京阪鉄道株式会社」（資本金2500万円）が発足した。

翌年から天六－淡路間の工事が始まり、大正14（1925）年10月に開通、北大阪電鉄買収分も合わせ、天六－千里山間が結ばれた。そして、1926年9月、茨木町－高槻町間が着工、遅れていた正雀－茨木町間も昭和2（1927）年1月には着工され、翌年1月16日に淡路－高槻町間が開通し、茨木町駅が開業した。その後、11月には京都西院－天六間が全線開通した。

淡路－高槻町間の開通当日の新聞には、終点の高槻町では、祝賀のため2日間全町で国旗を掲げ、富田町でも花火、相撲、芝居などの余興で賑わったが、茨木町では、開通をめぐり、町長と町議会が紛糾していたことが報じられている。その背景には、茨木町が沿線町村の中で唯一、新京阪の竣工を認めず、工事のやり直しを鉄道省へ陳情しており、陳情を実現できなかった町長と議会が対立した。その陳情には、茨木町内の新京阪線の築堤が当初予定よりも高く、大雨の際、築堤で土砂が止められ、堤防が決壊した場合、茨木の町が水没してしまう懸念が訴えられていた。

なお、新京阪では新線以外にも大正14（1925）年6月には、省線（現JR東海道線）より北側に、西吹田駅（現阪急吹田駅）から高槻に至る支線を出願していた。当初、支線は茨木市域において、東海道線と西国街道の中間あたりで計画されていたが、1926年3月には、省線よりも西国街道に近寄った路線に修正され、西吹田－片山－岸部－山田－宇野辺－茨木－春日－安威－阿武野－芥川－高槻の各駅が想定された。しかし、昭和4（1929）年10月、省線に並行し、目下の交通状態では必要性なしという理由で支線の計画は却下された。

地元への影響

このような新京阪の計画は、三島郡でも出願当時の大正7（1918）年4月28日には早くも新聞記事になり、その後も、折々に報道された。1919年10月頃には、第1次大戦の好景気で、新路線の建設は材料暴騰や土地買収難等で中断していること、新線沿線と思われる土地は思惑買いで、地価が安くとも5割から8割増し、3倍にまで高騰した場所があること、茨木町では中部を縦断することなどが報じられた。12月には、難航しながらも、徐々に用地買収は進行し、全線を通じて7割の買収が済み、路線通過点も具体的に茨木町では南端の馬街道を横断し、三島村・富田村へ通じることなど具体的な記述がなされるようになってくる。

この頃が三島郡における土地と米価の最高値の時期で、郡内にあった7つの銀行（支店を含む）と19の町村信用組合の預金は前年に比べて2割強、貸し出しも約1割5分の増加を示した。第1次大戦の好景気によるインフレ状況から、前

年には米騒動が起こるほど米価は上昇しており、そこへ私鉄の計画が報じられ、土地熱も上昇した。ただ、金融機関の総預金額は1000万円を超えたものの、三島郡の企業や商工業が未発達なため、貸出額は230万円余にすぎず、残りは大阪市場へ放資されたという。

そのため、大正9（1920）年の秋には新線の計画は測量のみで中断状態となり、1922年5月には三島郡の関係13町村長が工事促進運動を計画し、翌年にはスピード化のためカーブが少ないことが新線の特徴で吹田一茨木間はほぼ一直線の設計であることなど進捗状況が報じられた。その後、1926年8月には三島郡内の敷地買収はほぼ完了し、東吹田、味舌・三宅両村界、茨木町本願寺別院付近、富田駅南等に停留所が決定した。

折しも、省線も輸送を増強するための複線工事を計画しており、大正14（1925）年6月には茨木駅の拡張工事が内定し、関係する茨木町長・春日村長と打ち合わせた。1925年の1日平均乗客数は茨木駅の平均乗客数1698人のうち、定期利用者が6割を占め、灘（3323人、8割2分）・吹田（2536人、6割8分）・住吉（1997人、6割）・芦屋（1323人、7割9分）などとともに、通勤通学者の住宅が密集する「別荘地帯」といわれた。省線側も、1926年8月には近郊通勤通学者の著しい増加から、列車時刻の大改正を行っている。東海道線の複線化は、新京阪の新路線への対抗という側面もあったが、同年に周辺の町村を合併して「大大阪」となった大阪市へ郊外から通勤・通学する人口が増加していたことが大きかった、茨木駅の拡張工事は昭和2（1927）年9月に完成し、構内は3倍に拡張され、新駅舎は洋風の木造2階建で正面に大時計を備えた当時としてはハイカラなものだった。

茨木市の1960年代の風景（4枚）。写真左上は阪急茨木市駅の入り口付近で、タクシー、バス乗り場が見えている。同右上は阪急本通り商店街、本町商店街近くの風景で、右手に別院町の石丸写真館が建っている。下の2枚は地上駅だった阪急駅付近の風景である。
◎左上・右下 1966（昭和41）年8月30日撮影、右上 1964（昭和39）年1月3日撮影、左下 1968（昭和43）年11月22日撮影　提供：茨木市文化財資料館所蔵・田村文夫氏撮影

総持寺駅

【所在地】大阪府茨木市総持寺駅前町7-3
【開業】1936（昭和11）年4月15日（総持寺前→総持寺）
【キロ程】16.2km（十三起点）　【ホーム】2面2線
【乗降人員】10,812人（2021年度）

真言宗の総持寺（大阪府）に由来する鉄道駅が2つあるうち、阪急京都線に置かれているのが総持寺駅。一方、JRの東海道本線にあるのはJR総持寺駅である。また、臨済宗の総持寺（神奈川県）の最寄り駅としては、京急本線に花月総持寺駅が存在している。京急の花月総持寺駅は、戦前には総持寺駅を名乗っていた。

阪急の総持寺前（現・総持寺）駅が開業したのは、1936（昭和11）年4月である。茨木町（現・茨木市）〜富田町（現・富田）間に誕生した新駅だった。1948（昭和23）年1月、駅名を「総持寺」に改めている。阪急駅の開業から80年以上が経過した、2018（平成30）年3月、その北西にあたる場所にJR総持寺駅が開業する。阪急駅は茨木市総持寺駅前町、JRは茨木市庄1丁目に位置しており、両駅の間には茨木市立庄栄小学校があり、徒歩で7分ほどの距離で乗り換えは可能である。

阪急の総持寺駅は、相対式ホーム2面2線の地上駅で、傾斜地にあるため、淡路寄りのホームは盛り土の上にある。一方、JR駅は島式ホーム1面2線の高架駅で、改札口などは盛り土の下に整備されている。両駅の南側には安威川が流れており、JR駅の駅名が公募された際には、「安威川」を希望する人が最も多かった。

駅名となった総持寺は、高野山真言宗の寺院で、西国三十三所第22番札所である。879（元慶3）年の創建で、開基となった平安貴族、藤原山蔭は、四条流（山蔭流）包丁式（道）の創始者として知られており、料理人の信仰が篤い寺院である。毎年4月には、山蔭流包丁式が行われている。

戦前の京阪電鉄時代、新京阪線の新駅として誕生した駅周辺では、総持寺前住宅地の分譲が行われていた。現在も駅の西側には、総持寺の南西を中心に閑静な住宅地が残っており、駅の東側にも都市再生機構（UR）が管理する総持寺公団住宅がある。総持寺の南東、東海道本線の線路の南側にはエレベーター・エスカレーターの大手メーカー、フジテックの本社があったが、2006（平成18）年に彦根市に移転した。跡地に設けられたのがJR総持寺駅で、周辺には新しいマンションなども整備されている。

総持寺駅、JR総持寺駅の西側、少し離れたあたりには、名神高速道路が走っており、茨木インターチェンジが置かれている。1963（昭和38）年に名神高速道路の栗東インターチェンジ〜尼崎インターチェンジ間が開通した際に設けられたもので、国道171号と接続している。この茨木インターチェンジの南西には、茨木カンツリー倶楽部、北西には茨木国際ゴルフクラブというゴルフ場が存在している。

総持寺駅の南東側には活気のある商店街が続いている。
◎1965（昭和40）年6月5日
提供：茨木市文化財資料館所蔵・田村文夫氏撮影

総持寺での5300系河原町行急行と3300系普通のすれ違い。5300系は1972年登場の京都線用車両で下枠交差型パンタグラフである。◎総持寺　1989（平成元）年2月5日　撮影：荻原二郎

総持寺駅周辺

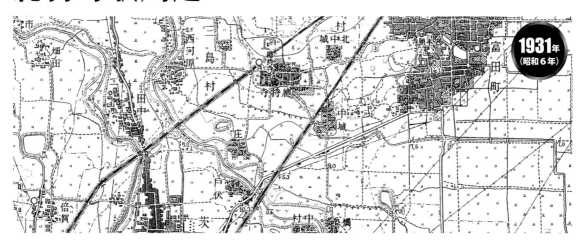

1931年
（昭和6年）

1970年
（昭和45年）

北側の富田駅、摂津富田駅付近ではかなり接近して走っていた阪急の京都本線とJRの東海道本線だが、この総持寺駅付近では少しずつ離れてゆく形になっている。阪急の総持寺駅の開業は1936（昭和11）年で、戦前の地図には見えない。開業当初の駅名は「総持寺前」で、1948（昭和23）年に現在のような総持寺駅となった。東海道本線のJR総持寺駅は2018（平成30）年の開業で、戦後の地図においてまだも駅は見えない。2つの駅の南側には、安威川が流れている。淀川水系の一級河川である安威川は、この先、吹田市、大阪市東淀川区方面に流れてゆき、神崎川に注いでいる。戦前においては田畑が多く広がっていた地域だが、東側の富田町は寺内町として早くから発展してきた街であり、酒造業でも有名だった。なお、総持寺駅のある茨木市と、富田町がある高槻市との境界は、総持寺駅のすぐ東側にある。

総持寺駅はほとんどの列車が通過し、普通のみが停車する。駅舎も小ぶりである。◎1965（昭和40）年6月14日
提供：茨木市文化財資料館所蔵・田村文夫氏撮影

総持寺を通過する6300系特急河原町行。この編成（梅田方6457）は在来型6300系の最終編成で1978年に登場した。
◎総持寺　1989（平成元）年2月5日　撮影：荻原二郎

79

富田駅

【所在地】大阪府高槻市富田町3- 4-10
【開業】1928（昭和3）年1月16日（富田町→富田）
【キロ程】17.3km（十三起点）　【ホーム】2面3線（通過線1線を含む）
【乗降人員】13,386人（2021年度）

1928（昭和3）年1月、新京阪鉄道の淡路～高槻町間の延伸時に開業した。開業当初は「富田町」を名乗っており、現在の駅名である「富田」に変更されたのは1957（昭和32）年7月のことである。駅の構造は相対式ホーム2面2線の地上駅で、1981（昭和56）年12月に現在のような地下駅となった。改札口は地下にあり、地下通路を通ってホームへ向かう形である。駅の所在地は高槻市富田町3丁目である。

一方、JR東海道本線の摂津富田駅は、阪急の富田駅よりも4年早い1924（大正13）年7月に開業している。「摂津」の国名を冠しているのは当時、三重県の関西本線に富田駅が存在していたからである。こちらは富田駅の北側、富田町1丁目に置かれており、かなり距離の近い場所にある。

現在は高槻市に含まれているが、平安時代の富田周辺は、藤原北家の右大臣で天皇家の外戚として摂関家の嫡流となった、藤原師輔が所有していた富田荘があり、高槻よりも知られた場所だった。その後、子孫に受け継がれて比叡山延暦寺の寺領に変わり、室町時代には幕府領となっていた。浄土真宗の存如によって創建された光照寺（現・本照寺）は、本願寺中興の祖となった蓮如が入ったことにより、本願寺の門徒が集まる寺内町が形成されていった。なお、同じく寺内町として有名な富田林市は、大阪府南部の都市であり、この富田町とは別地域である。また、鎌倉時代に創建された臨済宗妙心寺派の普門寺は、後に黄檗宗を開く隠元隆琦が住職を務めていたことでも知られる。この普門寺は、室町幕府14代将軍の足利義栄が入った普門寺城があった場所でもある。

近代に入ると、1889（明治22）年、島上郡富田村が成立。1896（明治29）年に三島郡に編入された後、1925（大正14）年に町制が施行されて富田町となる。1956（昭和31）年、高槻市に編入されて高槻市富田町となったことで、翌年（1957年）、京都本線の駅名が「富田駅」と改称された。

富田はかつて酒造業が盛んな地域で、江戸時代には伊丹や池田と並んで、北摂（大阪府北部）における酒の名産地であった。最盛期には20軒を超える酒蔵が軒を連ねていたが、現在では2軒のみ営業を続けている。かつての中心地は富田駅の北側に位置し、現在の本照寺から筒井池あたりで、江戸時代から続く古い家屋などが寺内町時代の情景を今に留めている。また付近には「如是町」「五百住町」「赤大路」といった珍しい地名も残っている。

富田駅、摂津富田駅の北東、JR東海道本線の線路沿いには、巨大な板チョコの看板が目印となっている、明治製菓大阪工場（明治なるほどファクトリー大阪）が存在している。ここでは、事前の完全予約制でチョコレート製造の様子などを見学することも可能である。

高槻市の明治製菓大阪工場では、巨大板チョコ看板「ビッグミルチ」がひと際目立つ存在となっている。

富田駅周辺

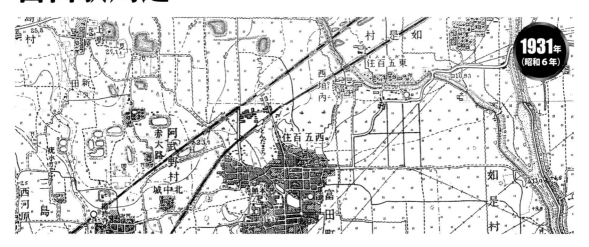

1931年
（昭和6年）

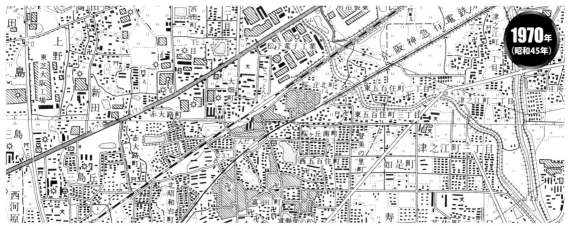

1970年
（昭和45年）

戦前の地図には、富田町とともに如是村、阿武野村、三島村の文字が見えている。このうち、如是村は1934（昭和9）年に高槻町に編入された。阿武野村は1948（昭和23）年に、富田町は1956（昭和31）年に高槻市に編入されている。また、三島村は1948（昭和23）年に茨木町、春日村などと合併して、茨木市の一部に変わっている。戦前に「富田町」を名乗っていた新京阪鉄道の駅は、1957（昭和32）年に現在のような「富田」に駅名を改称している。一方、北側を走る東海道本線の駅は1924（大正13）年の開業から1世紀の間、「摂津富田」を名乗り続けている。戦後の地図では住宅の数も増えて、国鉄線の北側に明治製菓と松下電子工業の工場が誕生している。この2つの工場はJR線の車窓から見ることができ、明治工場では巨大板チョコ看板「ビッグミルチ」が名物になっている。

地上駅である富田駅だが、駅舎、改札口は地下に設置されており、地上のホームに上がる形である。

高槻市駅

【所在地】大阪府高槻市城北町 2 - 1 -18
【開業】1928(昭和 3)年 1 月16日(高槻町→高槻市)
【キロ程】20.6km(十三起点)　【ホーム】2 面 4 線
【乗降人員】46,012人(2021年度)

1928(昭和 3)年 1 月、新京阪鉄道の当時の終着駅、高槻町駅として開業した。「高槻町」を名乗ったのは、東海道本線に高槻駅が存在していたからで、茨木町(現・茨木市)駅と同様である。新京阪鉄道は、当初の終着駅だった淡路町(現・淡路)駅から北摂・京都方面へ延伸を行い、まず高槻町駅まで開通させた。同年11月には京都側の起終点駅となる京都西院(現・西院)駅まで延伸し、この駅は途中駅となった。1943(昭和18)年 1 月、高槻町が市制を施行したことで、高槻市駅に改称する。

現在の高槻市駅の構造は高架駅であり、島式ホーム 2 面 4 線を備え、1991(平成 3)年に高架化されている。駅の所在地は高槻市城北町 2 丁目で、その名の通り、キリシタン大名だった高山右近の居城(高槻城)があった高槻城跡の北側に位置している。このあたりは高槻市の中心地であり、高槻市役所は南東に存在している。また、北東にはJRの高槻駅があり、大阪医科薬科大学病院は目と鼻の先にある。

高槻市から隣の茨木市にかけては、三島古墳群と呼ばれる500余りの古墳が残っている。その代表的なものが国の史跡に指定されている今城塚古墳で、6 世紀前半の前方後円墳としては最大級であり、第26代継体天皇の墓といわれている。また、安満山古墳群は約2500年前に存在した環濠集落の遺構で、総面積は約72万平方メートルにのぼる。水田など当時の貴重な遺構が残ることから国史跡に指定されている。ここは安満遺跡公園として整備されており、2021(令和 3)年に全面オープンした。

高槻市内において、中世に富田が一向宗の中心として栄えていた一方で、市内北部の三好山には芥川山城があり、高槻市殿町には芥川城があった。高槻市駅付近では、現・高槻市城内町にあったキリシタン大名、高山右近が築いた高槻城が有名である。右近は有岡(伊丹)城に拠った荒木村重との関係が深く、村重が織田信長に反旗を翻すと微妙な立場に置かれ、一時は領地を返上している。その後は高槻城主に復帰し、信長、豊臣秀吉に仕えたが、播磨国明石郡の船上城主になった後、バテレン追放令が出されると信仰を理由に領地を捨てた。晩年は国外追放の処分を受け、フィリピン・マニラに渡った後に死去した。右近が城主だった時代の高槻では教会が造られた半面、多くの寺社

が破壊されたといわれる。江戸時代の高槻城には、永井氏が高槻藩 3 万6000石の藩主となって入り、幕末まで続いていた。

明治維新後の1889(明治22)年、島上(後に三島)郡の高槻村が成立し、1898(明治31)年に高槻町となって、1931(昭和 6)年に大冠村、芥川村などを編入している。1943(昭和18)年には市制を施行して高槻市となるが、この前後にも付近の町村を編入して拡大を続け、現在は人口約35万人を有する大阪府第 7 位の都市となっている。また、廃城となった高槻城には、1909(明治42年)には陸軍第四師団の工兵第四連隊が置かれた。1927(昭和 2)年には、現・大阪医科薬科大学の前身である大阪高等医学専門学校が現・高槻市駅付近に開校し、1946(昭和21)年に大阪医科大学となった。ここに1930(昭和 5)年に建てられた校舎群は、建築家のウィリアム・メレル・ヴォーリズによるもので、イスラム様式を取り入れた洋風建築として有名だった。当時に建てられた建物として唯一残る別館は、阪急京都線の車窓からも見ることができ、歴史資料館として一般公開されている。

また、京都大学大学院農学研究科附属農場の組織下にある旧高槻農場は、1928(昭和 3)年に、京都帝国大学の摂津農場として開場し、農学部の研究用に利用されてきた。当時使用された本館など 4 棟は、安満遺跡公園内に保存されており、現在はレストランなどの施設として利用されている。

この高槻市は将棋のプロ棋士を輩出し、高槻城址から江戸時代の将棋の駒が出土したことなどから、「将棋のまち」としてのPRを行っている。近年は市内で名人戦などのタイトル戦も行われており、大阪市内にある大阪将棋会館は2023(平成 5)年度内にJR高槻駅前に移転することになっている。

大阪梅田駅と京都河原町駅のほぼ中間に位置している高槻市駅。京都本線の主要駅として、堂々たる高架駅となっている。

高槻市駅周辺

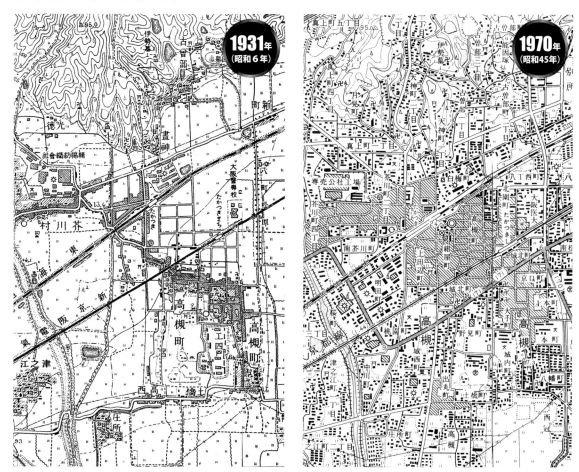

現・阪急の高槻市駅、現・JRの高槻駅が存在している高槻市中心部の地図である。戦前においては高槻町であり、北側には芥川村が存在していた。芥川村は1929（昭和4）年に芥川町に変わり、1931（昭和6）年に大冠村などとともに高槻町と合併している。1943（昭和18）年に高槻町は市制を施行して高槻市になった。戦前の地図においては高槻町駅の北東に大阪医学専門学校があり、戦後は大阪医科大学に変わり、現在は大阪医科薬科大学となっている。また、1930（昭和5）年に創立された三島病院は、現在、大阪医科薬科大学病院となっている。高槻町駅の南側、高槻城跡には「工四」の文字が見える。この「工四」は陸軍工兵第四連隊（大隊、聯隊）のことで、1907（明治40）年に京都・伏見から転営してきた。現在、高槻市立第一中学校のグラウンドそばには、工兵第四聯隊跡の石碑が建てられている。

戦前、高槻町（現・高槻市）駅付近に開校した、大阪高等医学専門学校の本館は堂々たる造りの建物だった。戦後は大阪医科大学となり、現在は大阪医科薬科大学となっている。

地上駅時代の阪急高槻市駅。1928年1月16日、新京阪鉄道淡路～高槻町間開通時に高槻町として開設。1943年1月、市制施行で高槻市と改称。1981年に高架化工事に着手。1989年4月、下り線高架化。1991年5月、上り線高架化。1994年3月、高槻市内連続立体化工事完成。◎高槻市　1970（昭和45）年9月15日　撮影：荻原二郎

1981年に着手された連続立体化工事が進む高槻市駅。下り線（梅田方面）は待避線があり直線側を特急が通過。上り線（河原町方面）は用地の制約で待避線がない。駅の周辺は現在に比べて高い建物が少ない。◎高槻市　1987（昭和62）年10月　提供：高槻市

『高槻市史』に登場する阪急京都線

関西における私設鉄道の建設は、早くも明治5（1872）年には鴻池善右衛門他によって大阪－堺間の敷設が申請されたが、この申請は政府から許可されなかった。しかしこの路線はその後も3次にわたって出願され、明治18（1885）年に阪堺鉄道として、関西で最初の私鉄が大阪難波－大和川間で開通した（3年後に堺まで延長）。

その後、明治20年代から30年代にかけて、大阪鉄道が湊町－奈良間を結び、大阪－天王寺間を開通させたのをはじめ、山陽鉄道が神戸－姫路間（その後下関まで延長）、摂津鉄道が尼崎－池田間、浪速鉄道が片町－四条畷間、阪鶴鉄道が池田－宝塚間などを開設していった。これらの主要私鉄は、明治39（1906）年に公布された鉄道国有法によってあいついで国鉄に買収され、現在の国鉄網の基礎をつくることになった。

一方、郊外電車としては、明治38（1905）年に大阪西梅田－神戸雲井通間を開通させた阪神電鉄が最初で、2年後には南海鉄道が難波－浜寺間および天王寺－天下茶屋間を電化した。ついで明治43（1910）年には箕面有馬電鉄（のちの阪急電鉄）が梅田－宝塚間と石橋－箕面間を結び、京阪電鉄が天満橋－京都五条間に電車を走らせた（大正3年に三条まで延長）。

これに対し、国鉄東海道本線と競合していた淀川右岸では、左岸に比べて郊外電車の建設が10年以上も遅れ、大正10（1921）年4月になってようやく、北大阪電鉄が十三－豊津間を開通させ、同年10月に千里山まで延長したにすぎなかった。一方、すでに淀川左岸で大阪－京都間の電車を走らせていた京阪電鉄は、既設線を改良する目的で淀川右岸沿いに鉄道を建設する計画をたて、大正8（1919）年7月にはその認可を得た。同社はこの鉄道の建設と営業を担当する姉妹会社として新京阪鉄道株式会社を設立することにし、1922年6月、その設立総会を開いた。

新京阪鉄道は、翌年4月には北大阪電鉄を合併してその事業を引き継ぎ、大正14（1925）年にはこれに接続する天神橋－淡路間を開通させた。本線の工事は1926年に着工され、2年後の昭和3（1928）年1月には、まず淡路－高槻町間が開通して天神橋－高槻町間の運転が開始された。同年11月にはさらに高槻町－西院仮駅間も開通し、ここに淀川右岸を通って大阪と京都を結ぶ電鉄が完成した。この電鉄はカーブの少ない理想的な線路による高速運転を目標とし、当初から鋼鉄製の電車を走らせたため、当時としてはぜいたくきわまる鉄道という評判だったという。この鉄道の開通は高槻の発展に大きな影響を及ぼすことになったが、この点については後述する。

昭和5（1930）年9月、新京阪鉄道は京阪電鉄に合併され、京阪電鉄新京阪線と呼ばれるようになった。翌10月には天神橋－西院間をノンストップで結ぶ特急電車が新設され、その所要時間34分は関西随一の高速鉄道として注目された。国鉄の特急列車とスピードを競ったというのはこの頃の話である。ついで翌年3月には京都市内で難行していた西院－大宮間1.4キロメートルの地下鉄工事が竣工し、昭和9（1934）年5月には現高槻市域内3番目の駅として「上牧桜井」駅が新設された。

その後、昭和18（1943）年10月には戦時体制下で京阪電鉄と阪急電鉄が合併して京阪神急行電鉄株式会社となり、その翌年4月からは新京阪線の車両が梅田駅へ乗り入れるようになった。第2次世界大戦後の昭和24（1949）年12月、京阪電鉄が分離して再発足した際にも新京阪線は京阪神急行電鉄に残され、同社の京都線として今日にいたっている。

一方、昭和前期には国鉄東海道・山陽本線の電化工事も進められ、昭和9（1934）年7月には吹田－須磨間がまず完成して電車の運転が始まった。同年9月には電化区間が明石まで延長され、翌年12月には京都－吹田間でも電化工事が着手された。この区間は2年後の昭和12（1937）年10月に竣工し、高槻駅には電車引上線が新設された。ここに京都－明石間を電車で結ぶ直通運転が開始されたわけで、当時は各駅に停車する普通電車が混雑時には4両編成で10分間隔、閑散時には2両編成で20分間隔に運行されたほか、京都－大阪間をノンストップ36分で結ぶ急行電車が、混雑時、閑散時とも4両編成30分間隔で運転された。しかし、この急行電車は昭和17（1942）年11月に廃止され、再び復活したのは昭和24（1949）年4月のことであった。

上牧駅

【所在地】大阪府高槻市神内2-1-5
【開業】1934（昭和9）年5月13日（上牧櫻井ノ驛→上牧）
【キロ程】24.9km（十三起点）　【ホーム】1面2線
【乗降人員】7,600人（2021年度）

1934（昭和9）年5月、京阪時代に新京阪線の駅として開業したときには、「上牧桜井ノ駅」という駅名であり、1939（昭和14）年5月には現在の「上牧」の駅名に改称している。このとき分離されたのが現在の水無瀬駅、当時の「桜井ノ駅（さくらいのえき）」駅で、このあたりには古代の街道に設置された駅家「大原駅（桜井駅）」があったことによる。西国街道の大原駅は、南北朝時代の1336（建武3）年、湊川の戦いで戦死する直前、楠木正成（大楠公）が息子の正行（小楠公）に別れを告げた桜井駅であるとされており、この逸話から、戦前には有名な観光名所となっていたのである。この史跡の最寄り駅として設置された上牧桜井ノ駅駅だったが、さらにすぐ後に桜井ノ駅駅が分離、開業したことで、駅名を変更したのだった。

そうした理由により、現在の上牧駅と水無瀬駅との駅間はわずか0・9キロである。一方、大阪側の高槻市駅とは4・5キロ離れている。この4・5キロは阪急の中では最も長い駅間で、大きな差が生まれたのは両駅が誕生した歴史による。なお、水無瀬駅とお隣の大山崎駅との駅間は2・0キロで、阪急の中で平均的な距離となっている。

上牧駅の所在地は高槻市神内2丁目で、高槻市の北東部にあたり、島本町との境界付近に置かれている。駅の構造は島式ホーム1面2線の盛土の上に設けられた高架駅である。上牧駅から大山崎間では、阪急京都本線は東海道新幹線と同じ経路を直線で走っている。これは1963（昭和38）年に京都本線が高架化されるとき、建設中だった新幹線の高架線を借り、4月から仮設ホームを設けて営業し、12月に高架線を竣工させたことによる。現在においてもこの区間は、走行する新幹線の列車を近い距離で見られる場所として、鉄道ファンに人気の撮影スポットとなっている。

この駅付近は大阪〜京都間の交通の要地で、上牧駅の西側には東海道本線と寄り添うように旧西国街道（大阪府道67号西京高槻線）が通り、さらに西側には名神高速道路があって梶原トンネルが存在している。一方、駅の東側には大阪府道・京都府道14号大阪高槻京都線が走っている。この府道14号に近い上牧駅の南側に、三好達治記念館が建てられている。記念館があるのは日蓮宗の本澄寺の境内で、詩人として有名な三好達治の墓があって、記念館では自筆の原稿や写真、愛用の品々が展示されている。

東海道新幹線との平行区間を行く古豪100系。のどかな風景にモーター音が響く。
◎高槻市〜上牧　1969（昭和44）年2月　撮影：小川峯生

上牧駅周辺

1931年
（昭和6年）

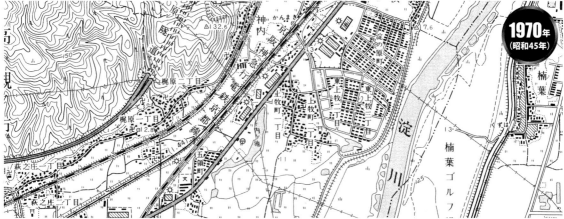

1970年
（昭和45年）

大阪府高槻市の北東部に置かれている阪急京都本線の上牧駅。戦前、このあたりは島上（後に三島）郡の五領村だった。五領村は1889（明治22）年に梶原村、上牧村、神内村などが合併して成立している。1950（昭和25）年に高槻市に編入されてその一部となった。上牧駅の前身である「上牧桜井ノ駅」駅が誕生したのは1934（昭和9）年であり、上の地図が作成された時点には開業していない。この頃、既に淀川の対岸を通る京阪本線には樟葉駅が開業していた。西側を通っている東海道本線には、上牧駅に対応する駅は存在していない。さらに西側には名神高速道路が走り、梶原隧道（トンネル）が設けられている。戦後の地図では駅の東側に工場が見えるが、この工場は現在、ニチレイフーズ関西工場となっている。この南側（東上牧1丁目）には1982（昭和57）年、金光大阪高校・中学校が開校している。

水無瀬駅

【所在地】大阪府三島郡島本町水無瀬1-17-12
【開業】1939(昭和14)年5月16日(櫻井ノ驛→水無瀬)
【キロ程】25.7km(十三起点)　【ホーム】2面2線
【乗降人員】8,023人(2021年度)

水無瀬駅は1939(昭和14)年5月、京阪が経営する新京阪線の時代に上牧〜大山崎間の新駅として開業した。開業当時の駅名は「桜井ノ駅(さくらいのえき)」で、駅が2つ重なる珍しい駅名だったが、戦後間もない1948(昭和23)年1月、現在の駅名「水無瀬」に変わっている。駅の所在地は、三島郡島本町水無瀬1丁目である。水無瀬駅の構造は、相対式2面2線の高架駅で、南口と北口が設けられており、東側(南口)に路線バスが発着するバスロータリーが設けられている。一方、阪急京都線の西側を走るJRの東海道本線には、山崎〜高槻間に長く駅が設置されていなかった。JRの島本駅の設置は、島本町民の悲願であり、ようやく2008(平成20)年3月に実現した。島本駅の構造は島式1面2線の地上駅で、橋上駅舎を有している。

地図でも明らかなように水無瀬駅付近の京都本線は、東海道新幹線と寄り添う形で直線に延びている。これは1963(昭和38)年に高架化される際、建設中の東海道新幹線の線路を借用して、仮設ホームを設置したことによる。同年12月に高架線が完成し、水無瀬駅の現在のホームの使用が始まっている。

「水無瀬」の歴史は古代にまで遡り、奈良時代には「大原駅」と呼ばれる駅家(うまや)が設置されるなど、京都から大阪・山陽方面へ抜ける重要な連絡道となっており、島本駅前の道路がその遺構とされる。平安時代末期には内大臣の源通親の別荘があり、第82代後鳥羽上皇が離宮を設けて、和歌を詠んだことでも有名である。後鳥羽院の和歌として「新古今和歌集」におさめられている「見渡せば山もと霞む水無瀬川　夕べは秋と何思いけん」は、小倉百人一種にも選ばれて、一般にも広く知られている。この水無瀬川は、水無瀬駅の北側を流れて淀川に注ぐ淀川水系の一級河川で、下流付近に水無瀬神宮が鎮座している。この地が後鳥羽上皇の水無瀬離宮の跡地で、上皇没後の1240(仁治元)年に御影堂が建てられた。1494(明応3)年に水無瀬宮の神号が奉じられ、安土桃山時代に豊臣秀吉が建造した客殿は、国の重要文化財に指定されている。戦前には官幣大社に列せられていた。

最後になったが、当初の駅名が「桜井ノ駅」となった理由も説明しておきたい。この「駅」とは、現在の鉄道駅(停車場)ではなく、古代の街道に設置されていた駅家を指す。西国街道にあった大原駅が、歴史上有名な「桜井の別れ」の桜井駅といわれ、島本町桜井1丁目には史跡桜井駅跡史跡公園が整備されている。1921(大正10)年に国の史跡になったもので、南北朝時代の1336(建武3)年、湊川の戦いで戦死する直前の楠木正成(大楠公)が息子の正行(小楠公)に別れを告げた場所が、桜井駅であるとされている。この話は、忠君愛国の象徴的な逸話として、唱歌「桜井の訣別」になり、戦前には教科書に掲載されていた。昭和前期、ここは楠公遺跡を巡る観光ルートのひとつとなり、名所を訪れる観光客を重視した京阪電鉄は、「桜井ノ駅」という駅名を採用したのである。桜井駅跡には、陸軍大将・乃木希典の筆による「楠公父子訣別之所」の石碑などが建てられている。

「史蹟　櫻井ノ駅跡」の表示板が建てられていた頃の水無瀬駅。かつては櫻井ノ駅駅だった。◎1963(昭和38)年頃　提供:島本町

1963(昭和38)年に高架化された頃の水無瀬駅。
◎1963(昭和38)年頃　提供:島本町

水無瀬駅周辺

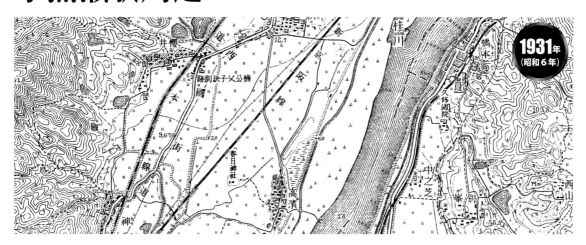

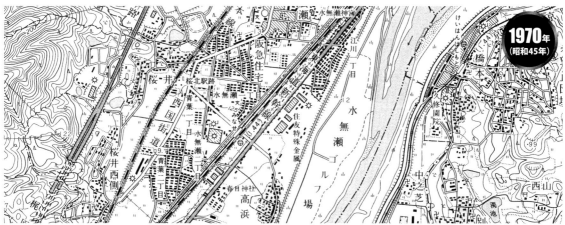

淀川右（西）岸の水無瀬駅付近の2枚の地図であり、東側から新京阪線、西国街道、東海道本線が通っている。西国街道の沿線には「楠公父子訣別跡」の文字が見えるが、ここは南北朝時代における湊川の戦いの前、楠正成・正行父子が別れを告げた「桜井之駅」といわれている。この存在から戦前、新京阪線に「上牧桜井ノ駅」駅が置かれ、さらに現在の水無瀬駅の前身となる「桜井ノ駅」駅が1939（昭和14）年に開設された。駅は戦後の1948（昭和23）年に水無瀬駅と改称されて、周囲には家屋の数も増えている。さらに最も淀川に近い部分には東海道新幹線の線路もできている。駅の東側には住友特殊金属の工場が誕生しており、現在は日立金属と合併して、ネオマックス山崎製作所に変わっている。この東側には淀川河川敷を利用した水無瀬ゴルフ場が存在していたが、2014（平成26）年に営業を終了している。

阪急より先に完成した新幹線盛土高架線を走る100系3両の天神橋発河原町行。先頭は制御車1500形1517。ホームは仮設ホーム。
◎水無瀬
1963（昭和38）年9月1日
撮影：荻原二郎

大山崎駅

【所在地】京都府乙訓群大山崎町大字大山崎小字明島13-2
【開業】1928（昭和3）年11月1日
【キロ程】27.7km（十三起点）　【ホーム】2面2線
【乗降人員】4,669人（2021年度）

大阪府と京都府の府境付近に位置する大山崎駅は、1928（昭和3）年11月、新京阪鉄道の開業時に開設された。駅舎は天王山と桂川に挟まれた細い湾曲部に位置しており、JR山崎駅が目と鼻の先にある。駅の所在地は大山崎町大字大山崎で、町内でも南端に近い場所に置かれている。両駅の南側、離宮八幡宮近くの境界碑「従是東山城國」までが京都府で、この石碑より南側は大阪府三島郡となっている。

大山崎は古くから歴史上の舞台となってきた。古代から桂川と宇治川の合流する交通の要所「山崎津」として栄え、725（神亀2）年には、僧の行基により対岸の橋本へ向かう山崎橋が架けられた（現存せず）。中世には寺院勢力が力を伸ばし、離宮八幡宮の神人による同業者組合「大山崎油座」が栄華を誇った。1582（天正10）年、大山崎の天王山が明智光秀と羽柴秀吉による天王山の戦いの舞台となり、「三日天下」などの成語を生むこととなった。江戸時代には、京都と北摂（現在の高槻市付近）を結ぶ物集女街道の町として栄えた。駅付近に残る代表的な歴史的建造物に妙喜庵が挙げられる。境内には千利休が建てたとされる日本最古の茶室「待庵」が現存し、国宝三茶室のひとつに数えられている。

明治に入ると鉄道の開業と共に観光地として人気を博し、対岸の石清水八幡宮や橋本遊郭へは渡し舟が利用された。新京阪鉄道の開通とともに大規模な工場の建設が相次ぎ、その中でも寿屋（現・サントリー）と大日本紡績（現・ユニチカ）の工場が有名である。1924（大正13）年から操業を始めた寿屋の山崎工場はウイスキーの蒸溜を行い、1928（昭和3）年、日本初の国産ウイスキー「白札」を発売するに至った。現在はサントリー山崎蒸溜所として蒸溜事業を行う一方で、一般公開も行いウイスキーの歴史を伝えている。代表的な銘柄である「山崎」は、国際的にも有名なブランドとなっている。

また、もうひとつの工場が1926（大正15）年に竣工した、大日本紡績（現・ユニチカ）の山崎絹糸工場である。その後、大日本紡績の山崎工場に拡大して、関西の繊維業界を牽引してきた。現在は大阪染工場となっているが、竣工当時の建物が一部現役で稼働しており、京都線の車窓からノコギ

リ屋根の工場を目にすることが出来る。また、ユニチカ時代は実業団バスケットボールの強豪として知られ、1969（昭和44）年に平野工場が閉鎖された後は、チームは山崎工場に移り、ユニチカ山崎として活躍した。

この大山崎と深い関わりをもつ建築家が、広島県出身の藤井厚二（1888～1938）である。建築環境工学の先駆者のひとりで、多くの個人住宅の設計に携わった。京都帝国大学の教授を務める傍ら、大山崎に1万坪の土地を購入し、日本の風土に適応した住宅の試作に勤しんだ。1928（昭和3）年、天王山の麓に自邸「聴竹居」を設計・建設した。この聴竹居は、縁側などの和要素や曲線を基調とし、アールデコ様式など様々な要素を取り入れた木造建築要素が組み込まれた住宅で、近代日本を代表する建築として国の重要文化財に指定されている。

また、忘れてならないのは、アサヒビール大山崎山荘美術館として公開されている実業家、加賀正太郎の山荘である。1932（昭和7）年に竣工したイギリス・チューダー様式の3階建て山荘と、安藤忠雄設計の地中館、山手館があり、アサヒビールの創業者、山本為三郎の美術工芸品のコレクションが展示されており、企画・特別展も行われている。

大山崎駅から近い場所にあるサントリー山崎蒸溜所。所在地は大阪府三島郡島本町の山崎5丁目である。

大山崎駅周辺

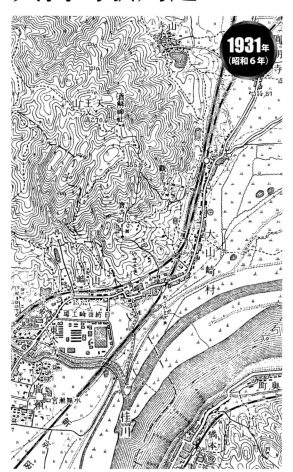

京都府と大阪府の府境にあり、現・阪急京都線の大山崎駅が置かれている付近の地図である。京都側には乙訓郡大山崎村が見えるが、1967（昭和42）年に町制を施行して大山崎町に変わっている。阪急の大山崎駅に対応する形で、東海道本線には山崎駅が置かれている。新旧の地図において、目立つ存在は戦前には日紡（大日本紡績）の山崎工場で、戦後にはユニチカ山崎工場に変わっている。この北側にはサントリーの山崎工場が見えるが、正式には山崎蒸溜所と呼ばれており、1923（大正12）年の寿屋時代に誕生している。日本初のモルトウイスキー蒸溜所であり、ここの名前を付けたシングルモルトウイスキー「山崎」は、世界的に有名なブランドとなっている。このあたりは桂川、宇治川、木津川が合流して淀川となる場所で、対岸には京阪の京都本線が走っており、京都府八幡市橋本中ノ町に橋本駅が置かれている。

大山崎を発車する2300系
2両の河原町行。この先で
阪急は東海道本線と交差
（アンダークロス）して山側
に移り京都へ向かう。
◎大山崎
1963（昭和38）年9月1日
撮影：荻原二郎

盛土高架化された大山崎の新ホームから地上の旧ホームを見る。写真右側では新幹線の工事が進み、その先は桂川が流れる。
◎大山崎　1963（昭和38）年9月1日　撮影：荻原二郎

下り電車（梅田方面行）の先頭から眺めた、阪急から新幹線路盤への接続地点。急曲線で先に完成した新幹線部分へ入る。写真左下に旧下り線（梅田方面）が見える。大山崎から上牧の先まで阪急と新幹線は同じレベル（高さ）で平行する。
◎大山崎　1963（昭和38）年9月1日　撮影：荻原二郎

高架化された大山崎を通過する
2300系梅田行特急。画面右下に大
山崎の旧線地上ホームと工事中の
新幹線が見える。
◎大山崎
1963（昭和38）年 9 月 1 日
撮影：荻原二郎

盛土高架化された大山崎を通過す
る1300系 4 両の急行河原町行。写
真の（←梅田）1307－1357－1358
－1308（京都→）の編成は1959年
登場の1300系最終編成。京都線最
初の 3 ドア車で当初は 3 両で後に
4 両化。画面左側に旧線（地上線）
の架線柱が残り、さらに左側で新
幹線工事が進む。
◎大山崎
1963（昭和38）年 9 月 1 日
撮影：荻原二郎

盛土高架化された大山崎を通過す
る2300系河原町行特急。1963年
6 月の京都線河原町延長時、特急
に2300系ロングシート車が投入さ
れたが直通客がクロスシートの京
阪特急に流れ、会社が期待したほ
ど乗客は増えなかった。先頭の制
御車2350形2361はパンタグラフ
を装備していたが後に撤去された。
◎大山崎
1963（昭和38）年 9 月 1 日
撮影：荻原二郎

西山天王山駅

【所在地】京都府長岡京市友岡 4-22-1
【開業】2013（平成25）年12月21日
【キロ程】30.2km（十三起点）　【ホーム】2面2線
【乗降人員】10,044人（2021年度）

2013（平成25）年12月、長岡天神〜大山崎間に新駅として開業した西山天王山駅。京都本線では2010（平成22）年、摂津市駅以来の新駅である。駅の西側には小泉川が流れており、北西にある西台里山公園付近から流れ出る川は、京都縦貫自動車道・京滋バイパスに沿う形で南東に進んで、桂川に注いでいる。

西山天王山駅は相対式ホーム2面2線の構造であり、ホームの上には京都縦断自動車道が通っている。駅周辺では次々と住宅開発が行われ、2014（平成26）年には駅の東側に立命館中学・高校がやってくるなど、次第に賑わいを見せ始めている。駅の所在地は長岡京市友岡4丁目で、開業前の仮称は南長岡京市駅だったが、付近の名所・旧跡である天王山と西山（連峰）が、実際の駅名に選ばれた。駅の西側にある京都府立西乙訓高校は、1984（昭和59）年の開校で、米国のアーリントン高校と姉妹校になっている。

駅の南側には、京都縦断自動車道が名神高速道路と交わる大山崎ジャンクションが置かれている。2013（平成25）年、京都縦貫自動車道の沓掛インターチェンジ〜大山崎ジャンクション間が開通した。この付近にはダイハツ工業京都工場、東洋製鉄京都工場があり、日立物流西日本大山崎AE営業所、イオンの専用物流センター（関西NDC）なども存在し、陸上交通、自動車輸送の拠点としての重要性も高まっている。また、東海道本線を越えた東側には、サントリーの京都ビール工場が存在する。このあたりでは、サントリーの山崎蒸溜所（大阪府島本町）が有名だが、こちらは天然水を使ったビール工場（ブルワリー）で、事前に予約すれば見学することもできる。

「天下分け目の天王山」として知られ、名神高速道路の京都・大阪間のトンネルが存在する天王山は標高270メートルで、淀川を挟んで南東にある男山との間で地峡を形成している。1582（天正10）年、毛利攻めから引き返した羽柴（豊臣）秀吉と、織田信長を討った明智光秀の間で戦いが行われた山崎合戦（天王山の戦い）の舞台として、あまりにも有名である。頂上近くには、牛頭牛王を祀る山崎天王社（自玉手祭来酒解神社）が鎮座しており、ハイキングコースにもなっている。

駅の西側、天王山の登山口ある小倉神社は、奈良時代の創建とされ、平安時代中期に編纂された延喜式にも記載があって、乙訓地方では最古級の神社とされる。天王山の戦いでは、羽柴秀吉が部下の片桐祐作、脇坂陣内を送って戦勝祈願を行ったという逸話も残っている。南に進むとかつて西国街道沿いの集落として栄えた円明寺と呼ばれる地域がある。現在でも白壁の古家が街道沿いに点在している。ここに残るのが明治初めに築造された煉瓦造の高さ140センチのトンネルで、円明寺橋梁と呼ばれている。1876（明治9）年、官設鉄道（現・東海道本線）の高槻〜向日町間が建設された際、線路がこの集落を横切る形で敷設された中、円明寺地区の東西を結ぶ連絡用に設置された。現在、日本の近代土木遺産に選ばれている。

西山天王山駅の南東に位置している、名神高速道路と京都縦貫自動車道が交わる大山崎ジャンクション付近の空撮写真。

西山天王山駅周辺

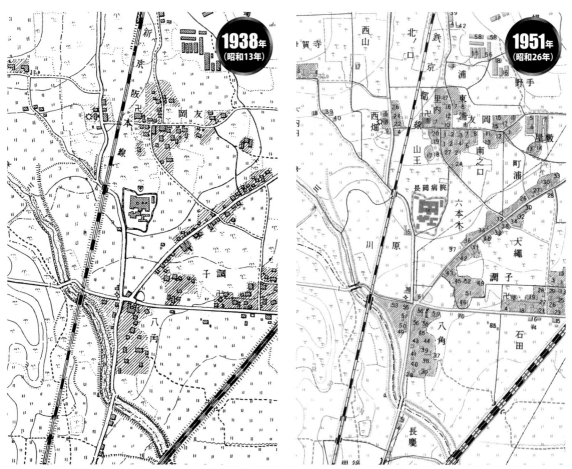

1938年（昭和13年）

1951年（昭和26年）

　2枚の地図で、左中から中央下に流れる小泉川が新京阪線（現・阪急京都線）と交わる付近に現在の西山天王山駅は置かれている。この川のすぐ北側に駅が誕生するのは、2013（平成25）年である。淀川水系の一級河川である小泉川はこの先、東海道本線、東海道新幹線の線路をくぐった先で桂川に注ぐこととなる。現在では、この川に沿うように京都縦貫自動車道が走っている。両地図の中央右を斜めに通っているのは新西国街道（京都府道67号）で、この先の大阪府内では大阪府道67号となるため西京高槻線と呼ばれている。駅の東側にある長岡病院は1935（昭和10）年に開院し、現在は長岡ヘルスケアセンターとなっている。また、駅から少し離れた北側には京都府立乙訓高校、東側には立命館高校・中学校が校地を構えている。立命館の長岡京キャンパスは、大阪成蹊大学のキャンパスがあった場所である。

大山崎で国鉄をアンダークロスして京都へ向かう1300系4両の急行。この1306（京都方）の編成は1959年に2ドア、ロングシートで登場。1961年に4両編成化。後方の橋は開通後間もない名神高速道路。現在はこの区間に西山天王山駅が開設された。
◎大山崎〜長岡天神
1964（昭和39）年
撮影：林嶢

長岡天神駅

【所在地】京都府長岡京市天神1-30-1
【開業】1928（昭和3）年11月1日
【キロ程】31.7km（十三起点）　【ホーム】2面4線
【乗降人員】18,789人（2021年度）

長岡天神駅は、長岡京市天神1丁目に置かれている。長岡京市は、人口約8万人の京阪間のベッドタウンだが、長岡京の遺跡や長岡天満宮などがある歴史の古い土地でもある。長岡天神駅は1928（昭和3）年11月、新京阪鉄道の延伸時に開業。このあたりでは最初に開業した鉄道駅であった。明治以来、官営鉄道（現・JR）の東海道本線が通っていたものの、駅は設置されず、最寄り駅はお隣の現・向日市にある向日町駅であった。しかし、新京阪が長岡天神駅を開業させると、当時の国鉄も1931（昭和6）年に神足（現・長岡京）駅を新設している。こちらは長岡京市神足2丁目に位置しており、長岡天神駅の南西にあたる。

長岡天神駅のあるあたりは、かつて乙訓郡新神足村と呼ばれていた。新神足村は1889（明治22）年、神足村、馬場村、勝竜寺村など6村が合併して成立している。このうち、勝竜寺村は南北朝時代に築城された勝竜寺城があることで知られ、この城は織田信長が勝竜寺城の戦いで攻略した後は、家臣の細川藤孝（幽斎）が入り、細川ガラシャゆかりの城としても有名である。新神足村は1949（昭和24）年、乙訓村、海印寺村と合併して、長岡町となり、1972（昭和47）年に市制を施行して、長岡京市となった。

この長岡京市では、阪急の駅名の由来となった長岡天満宮が代表的な名所、観光スポットである。ここは菅原道真を祭神として祀り、境内の八条ヶ池は当地の領主で桂離宮を設けた八条宮が築造した由緒あるもので、ヒノキ製の水上橋は撮影スポットとして有名である。またツツジの名所としても古くから有名で、駅開業直後に製作された古い観光パンフレットでも観光の目玉としてツツジが推されている。隣接する錦景苑は2007（平成19）年に整備された庭園で、園内に植えられた約100本のツツジが夜間にライトアップされる時期もある。また、かつては長岡競馬場も存在した。しかし、競馬場は1957（昭和32）年に閉場し、跡地には府立乙訓高校と団地が建設された。レース場だった面影は、この地に残る楕円形の地形、道路で知ることができる。

長岡天神といえば、特産品のタケノコも全国区の存在である。長岡京のタケノコは、「白子」と呼ばれる柔らかい食感、香り、甘さが特徴。旬は3月から5月にかけてである。長岡天満宮がある長岡公園にある錦水亭は、タケノコ料理の名店で、毎年春のシーズンには全国から旬のタケノコを求めて数多くのグルメが駆けつける。錦水亭は1881（明治14）年の創業で、八条ヶ池の畔に数寄屋造りの座敷が広がり、料理とともに景観の美しさでも来店客を満足させてくれる。また、長岡京市に本社がある小倉山荘は、和菓子のメーカーとして全国各地の百貨店などにも進出している。

ここではやはり、JRの駅名になっている長岡京についても触れておかなければいけないだろう。平安遷都が行われる前の784年、第50代桓武天皇により、平城京から長岡京へ遷都が実施された。この長岡京については平安遷都に至る短い期間の存在だったため、長く詳細は不明だったが、戦後に向日市、長岡京市、京都市西京区などで発掘調査が行われ、大極殿跡などが見つかっている。

桂離宮を造営した八条宮智忠親王が築造したことで知られる長岡天満宮の八条ヶ池。

長岡天神駅周辺

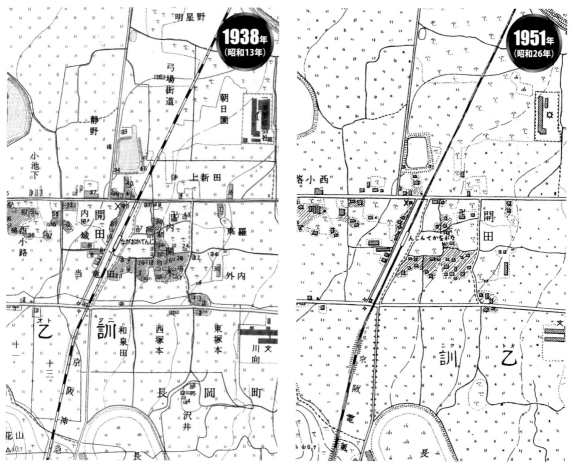

左図は1928（昭和3）年、新京阪鉄道の長岡天神駅が開業して10年ほどが経った1938（昭和13）年の地図で、当時の駅付近以外は家屋のない田園地帯だった。駅の北東には三菱製紙京都工場が見えるが、この年（1938年）には、前身の京都写真工業が工場を置いており、1944（昭和19）年に三菱製紙が買収して京都工場とした。2つの地図で駅の南東に見える「文」は、長岡京市立神足（こうたり）小学校である。この学校は1873（明治6）年に開校しており、このあたりでは長法寺小学校と並ぶ長い歴史を有している。「神足」の校名・地名は、JRの長岡京駅の南東にある神足神社に由来し、この付近にあった田村の池に神様が降臨し、「神至り（かむいたり）」から「こうたり」となったといわれている。長岡京駅は1995（平成7）年までは神足駅を名乗っており、所在地は長岡京市神足2丁目である。

平安時代に菅原道真の所領だった長岡の地に創建されている長岡天満宮。現在の本殿は1941（昭和16）年に平安神宮から移築された。

東海道本線とのアンダークロス地点を行く100系４両の十三行。２両目は元貴賓車の1500。1500は貴賓車フキ500として昭和天皇即位の「御大典」のために1928年に登場。戦後一般車となった。
◎長岡天神～大山崎　1970（昭和45）年７月　撮影：山田 亮

冷房化された2300系６両の梅田行普通。2300系の冷房化は1981 ～ 85年に全車に実施。
◎長岡天神～大山崎　1984（昭和59）年８月　撮影：山田 亮

３ドア化された2800系８両の急行梅田行。2800系の３ドア・ロングシート化は1976〜79年に実施された。
◎長岡天神〜大山崎　1984（昭和59）年８月　撮影：山田 亮

７両編成時代の2800系特急梅田行。戦前の1930年代にはこの大山崎付近で新京阪デイ100系とＣ53形蒸気機関車牽引の国鉄特急の競争が繰りひろげられた。写真右上は東海道本線。◎長岡天神〜大山崎　1970（昭和45）年７月　撮影：山田 亮

『長岡京市』に登場する阪急京都線

新京阪鉄道の開通

　明治初期に、新神足村に省線（現ＪＲ）の線路が敷設され東海道線が走るようになったが、最寄り駅は向日町の向日町駅と大山崎村の山崎駅しかなく、この状況は大正期になっても変わらなかった。当時の公共交通機関は、明治41（1908）年に新神足村に開業した洛西馬車組合が、８人乗り６車両で向日町駅を起点として、長岡天満宮・光明寺・柳谷観音などへ営業しているのみであった。したがって、古くからの観光地を抱え、さらに迅速な輸送が要求される竹の子の生産地である長岡３ヵ村にとって、鉄道の駅を設置することは長年の悲願であった。

　この地域に電気鉄道を敷設する計画が資料上から確認されるのは、大正中期からである。京阪電気鉄道株式会社が明治39（1906）年に設立され、大阪から淀川左岸を経由して京都の五条大橋までの電気鉄道を1910年に開通させていた。同社は大正期になると、淀川右岸を経由して大阪・京都を結ぶ計画をたてるようになる。大正８（1919）年７月21日、乙訓郡大山崎村から京都市四条大宮までの免許が与えられ、同年９月26日に軌道敷設準備のために、海印寺村への立入り測量を京都府知事に申請している。しかし、この計画によると、海印寺村は京都と結ばれるのみで、大阪との連絡がどうなるのか明示されていない。

　大正11（1922）年に、長岡３ヵ村を経由して大阪・京都間を結ぶ計画があったことは明らかである。同年９月22日に京阪電鉄は、電気鉄道敷設のために長岡３ヵ村をはじめ、大山崎村や紀伊郡吉祥院村、葛野郡桂村・西院村、京都市下京区などへの土地立入り測量を、京都府知事から許可されている。さらに、同年10月には大阪・京都を淀川右岸経由で結ぶ電気鉄道の免許が与えられ、大正14（1925）年４月17日に、大阪市東成区城北町から山崎、長岡天神横を経由して京都市の四条大宮にいたる鉄道敷設を資本金2500万円の計画で京都府に申請している。この路線のうち京都から淡路（大阪市東淀川区）にいたる部分が、現在の阪急電鉄京都線に相当するものである。なお、京阪電鉄などの資本は、この路線の敷設・営業のために1922年６月28日、新京阪鉄道株式会社を設立させている。

　さて、京阪電鉄へこの路線の鉄道免許が与えられたのとほぼ同時期に、京都電燈株式会社によって葛野郡松尾村と長岡３ヵ村を結ぶ電気鉄道の計画がたてられた。1922年、京都電燈は鉄道省に対して、葛野郡松尾村から向日町を経て海印寺村に至る電気鉄道（洛西線）の敷設を申請した。同社はその建設理由として、洛西には名勝旧跡が多く、京都市の西南方面に住宅・工場の進出が見込まれ、さらに、松尾神社・粟生光明寺・長岡天満宮・柳谷観音などの観光地が多くあるため、京都電燈嵐山線との接続によって「旅客益々増加シ、同地方一般ノ開発ニ資スルモノ亦尠ナカラサル」と述べている。京都電燈の洛西線申請に呼応して、地元では関係町村長の推薦する委員によって組織される郊外電車期成同盟会を組織し、乙訓郡役所に事務所を置いた。本同盟会は、洛西線の「速成ヲ期スル」ために組織されたもので、用地の価格決定と交渉および関係町村間の価格均衡査定、工作物移転に伴う損害賠償の価格査定と交渉、実施路線の希望協定、その他用地買収上の援助・利便供与などを協定することを目的としていた。このような地元の要望もあって、本申請は大正13（1924）年５月13日付で認められ、洛西線の鉄道敷設が許可された。

　ところで、乙訓郡特産の竹の子やゴールデンメロン（ビール用の大麦）、米麦などの農産物を阪神・関東地方へ輸送するには省線向日町駅が利用されていたが、向日町駅までの運搬機関がないために、「往々予定ノ列車ニ遅レ、為メニ市場ニ於テ著シク声価ヲ墜シ、之レガ為ニ年々莫大ナル損害ヲ蒙リツ、アリ」という状況であり、乙訓郡各町村と向日町駅を結ぶ交通機関が要望されていた。さらに、光明寺が開校を予定していた西山高等女学校生徒の通学のためにも、交通機関の整備が望まれていた。しかし、京都電燈の洛西線は「向日町駅ヲ去ルコト数町ニシテ、且ツ停留所予定地ハ七、八町ヲ隔ツル」こととなっており、省線との連絡は考えられていなかった。そこで、大原野村・乙訓村・海印寺村・新神足村の各村長は、洛西線の路線を変更し向日町駅と接続することを、鉄道大臣に対して連名で陳情した。

阪急京都線 開業駅名一覧

【京都本線】
1921（大正10）年4月1日北大阪電気鉄道→
1923（大正12）年4月1日新京阪鉄道→
1930（昭和5）年9月15日京阪電気鉄道→
1943（昭和18）年10月1日京阪神急行電鉄→
1973（昭和48）年4月1日阪急電鉄

十三～淡路　1921（大正10）年4月1日開業
淡路～高槻町　1928（昭和3）年1月16日開業
高槻町～京都西院（仮駅）　1928（昭和3）年11月1日開業
西院～京阪京都（現・大宮）　1931（昭和6）年3月31日開業
大宮～河原町　1963（昭和38）年6月17日開業

十三	1921（大正10）年4月1日開業
南方	1921（大正10）年4月1日開業
崇禅寺	1921（大正10）年4月1日開業
淡路	1921（大正10）年4月1日開業
上新庄	1928（昭和3）年1月16日開業
吹田観音前	臨時駅・詳細不明
吹田町	1928（昭和3）年1月16日開業→ 1930（昭和5）年9月15日京阪吹田に改称→ 1943（昭和18）年10月1日吹田東口に改称→ 1954（昭和29）年5月1日相川に改称
正雀	1928（昭和3）年1月16日開業
摂津市	2010（平成22）年3月14日開業
南茨木	1970（昭和45）年3月8日開業
茨木町	1928（昭和3）年1月16日開業→ 1948（昭和23）年1月1日茨木市に改称
総持寺前	1936（昭和11）年4月15日開業→ 1948（昭和23）年1月1日総持寺に改称
富田町	1928（昭和3）年1月16日開業→ 1957（昭和32）年7月1日富田に改称
高槻町	1928（昭和3）年1月16日開業→ 1943（昭和18）年1月1日高槻市に改称
上牧櫻井ノ驛	1934（昭和9）年5月13日開業→ 1939（昭和14）年5月16日上牧に改称
櫻井ノ驛	1939（昭和14）年5月16日開業→ 1948（昭和23）年1月1日水無瀬に改称
大山崎	1928（昭和3）年11月1日開業
西山天王山	2013（平成25）年12月21日開業
長岡天神	1928（昭和3）年11月1日開業
西向日町	1928（昭和3）年11月1日開業→ 1972（昭和47）年10月1日西向日に改称
東向日町	1928（昭和3）年11月1日開業→ 1972（昭和47）年10月1日東向日に改称
洛西口	2003（平成15）年3月16日開業
物集女（もずめ）	1946（昭和21）年2月1日開業→ 1948（昭和23）年3月1日廃止
桂	1928（昭和3）年11月1日開業
西京極	1928（昭和3）年11月1日開業
京都西院（仮駅）	1928（昭和3）年11月1日開業→ 1931（昭和6）年3月31日→西院に改称
京阪京都	1931（昭和6）年3月31日開業→ 1943（昭和18）年京都に改称→ 1963（昭和38）年6月17日大宮に改称
烏丸	1963（昭和38）年6月17日開業
河原町	1963（昭和38）年6月17日開業→ 2019（令和元）年10月1日京都河原町に改称

【千里線】
1921（大正10）年4月1日北大阪電気鉄道→
1923（大正12）年4月1日新京阪鉄道→
1930（昭和5）年9月15日京阪電気鉄道→
1943（昭和18）年10月1日京阪神急行電鉄→
1973（昭和48）年4月1日阪急電鉄

淡路～豊津　1921（大正10）年4月1日開業
豊津～千里山　1921（大正10）年10月26日開業
淡路～天神橋　1925（大正14）年10月15日開業
千里山～新千里山（現・南千里）　1963（昭和38）年8月29日開業
南千里～北千里　1967（昭和42）年3月1日開業

天神橋	1925（大正14）年10月15日開業→ 1969（昭和44）年12月6日天神橋筋六丁目に改称
長柄（ながら）	1925（大正14）年12月1日開業→ 1944（昭和19）年2月1日廃止
柴島	1925（大正14）年10月15日開業
下新庄	1921（大正10）年4月1日開業
東吹田	1921（大正10）年4月1日開業→ 1943（昭和18）年10月1日吹田に改称→ 1964（昭和39）年4月10日吹田（新）に統合
西吹田	1921（大正10）年4月1日開業→ 1943（昭和18）年10月1日市役所前に改称→ 1964（昭和39）年4月10日吹田（新）に統合
吹田	1964（昭和39）年4月10日開業
豊津	1921（大正10）年4月1日開業
花壇前	1921（大正10）年10月26日開業→ 1938（昭和13）年9月15日千里山遊園に改称→ 1943（昭和18）年12月1日千里山厚生園にに改称→ 1946（昭和21）年4月7日千里山遊園に改称→ 1950（昭和25）年8月1日女子学院前に改称→ 1951（昭和26）年4月1日花壇前に改称→ 1964（昭和39）年4月10日関大前に統合
関大前	1964（昭和39）年4月10日開業
大学前	1921（大正10）年10月26日開業→ 1944（昭和19）年9月1日廃止→ 1946（昭和21）年6月25日再開→ 1964（昭和39）年4月10日関大前に統合
千里山	1921（大正10）年10月26日開業
新千里山	1963（昭和38）年8月29日開業→ 1967（昭和42）年3月1日南千里に改称
山田	1973（昭和48）年11月23日開業
万国博西口	1969（昭和44）年11月10日開業→ 1970（昭和45）年9月14日廃止
北千里	1967（昭和42）年3月1日開業

【嵐山線】
1928（昭和3）年11月9日新京阪鉄道→
1930（昭和5）年9月15日京阪電気鉄道→
1943（昭和18）年10月1日京阪神急行電鉄→
1973（昭和48）年4月1日阪急電鉄

桂～嵐山　1928（昭和3）年11月9日開業

上桂	1928（昭和3）年11月9日開業
松尾神社前	1928（昭和3）年11月9日開業 1948（昭和23）年1月1日松尾に改称→ 2013（平成25）年12月21日松尾大社に改称
嵐山	1928（昭和3）年11月9日開業

西向日駅

【所在地】京都府向日市上植野町南開23-１
【開業】1928（昭和３）年11月１日（西向日町→西向日）
【キロ程】33.6km（十三起点）　【ホーム】２面２線
【乗降人員】8,163人（2021年度）

1928（昭和３）年11月、新京阪鉄道の駅として、東向日町（現・東向日）駅などとともに開業したのが西向日町（現・西向日）駅である。駅の所在地は向日市上植野町南開で、東向日駅とは1・4キロ離れている。駅の構造は、相対式ホーム２面２線の地上駅で、駅舎は上下ホームの京都側に置かれている。両ホーム間は地下道で結ばれており、中央で区切られたこの地下道は一般道としても利用されている。この駅も東向日駅と同様に特急、急行などは通過し、準急と普通のみが停車する。

現在の向日市には、京都本線ではこの西向日駅と東向日駅の2駅が存在している。現在の向日市の人口は約５万6000人だが、市の面積は7・72平方メートルであり、西日本では最も狭く、全国的に見ても蕨市（埼玉県）、狛江市（東京都）に次いで下から３番目となっている。歴史的には、平安遷都前の長岡京が置かれていた場所であったが、その後は都近郊の農村地帯となり、明治維新後の1889（明治22）年に乙訓郡の向日町、物集女村、寺戸村などが集まって、新たに向日町が成立。1972（昭和47）年に市制を施行して、向日市が誕生した。特産品としては、長岡京市と同様、タケノコが知られている。

さて、西向日駅の北西にある西国街道の五辻交差点からは、西に向かう善峰道、光明寺道という２本の道路が延びている。善峰道と呼ばれる府道208号向日善峰線は、文字通り、善峯寺に続く古道である。この先、大阪府高槻市との境界に近い場所にあり、「あじさいの寺」として有名な善峯寺は、善峯観音宗の本山となっている。本尊は十一面千手観世音菩薩で、西国三十三所第20番札所として、多くの参拝客を集めてきた。平安時代の1029（長元２）年の創建であり、応仁の乱で伽藍の多くが焼失したものの、元禄時代に江戸幕府第５代将軍徳川綱吉の生母、桂昌院により、現存する観音堂（本堂）などが再建された。また、1621（元和７）年に再建された多宝塔は、国の重要文化財に指定されている。

もう１本の光明寺道も、丹波街道の西側に広がる西山公園、光明寺に続く道路となっている。長岡京市粟生西条ノ内にある報国山光明寺は、西山浄土宗の総本山で、紅葉の名所としても有名な場所である。浄土宗を開いた法然が初めて念仏の教えを説いた地であり、鎌倉時代の1198（建久９）年の創建。一般的には粟生光明寺と呼ばれており、ここでは木造の法然上人像が本尊とされている。

光明寺道の南側で、やや東向日駅に近い場所にあるのが乙訓寺。ここは推古天皇の勅命で、聖徳太子が創建したといわれる古刹で、牡丹の寺として知られている。長岡京制定の前には、ここに第26代継体天皇の弟国宮（乙訓宮）があったといわれている。

西山浄土宗の総本山、光明寺の御影堂（本堂）。

善峯寺は桜や紅葉とともにあじさいの花でも知られる。

「牡丹寺」として有名な曹洞宗豊山派の寺院、乙訓寺。

西向日駅周辺

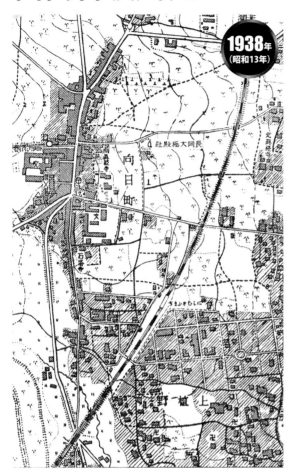

1938年
（昭和13年）

1951年
（昭和26年）

南北に延びる向日市の南部に置かれている西向日駅。すぐ西側は長岡京市だが、面積を比較すると、向日市は7.72平方キロメートル、長岡京市は19.17平方キロメートルとかなりの差がある。向日市は、西日本で最も面積が狭く、その分、人口密度は高くなっている。向日市はこの時期の住宅地開発でも遅れをとっており、戦前と戦後の地図を比べてみても、市街地の大きさはそれほど変わっていなかった。現在の人口は約5万6000人、長岡京市は約8万1000人である。戦前、戦後の地図を通じて、「向日町」の文字の右上（北東）には、長岡大極殿社（阯）と記されている。このあたりは平安遷都の前に一時、都が移されていた長岡京の中心地で、大極殿や朝堂院などがあった長岡宮跡である。長岡京については、向日市と長岡京市を中心に大山崎町、京都市にも広がっており、向日市でも発掘・調査が行われている。

5300系7両の準急大阪梅田行。準急は2007年3月17日改正で登場。停車駅は十三、南方、淡路、上新庄、南茨木、茨木市、高槻市〜河原町（現・京都河原町）間各駅。2019年10月1日、梅田は大阪梅田と改称。
◎西向日
2021（令和3）年頃

東向日駅

【所在地】京都府向日市寺戸町小佃5-2
【開業】1928（昭和3）年11月1日（東向日町→東向日）
【キロ程】35.0km（十三起点）　【ホーム】2面2線
【乗降人員】9,966人（2021年度）

現在の向日市には、1876（明治9）年に開通した大阪〜京都間の官営鉄道に、向日町駅が設けられていた。この向日町駅は同年7月に京都側の終着駅として開業し、9月に大宮通仮停車場に延伸して、途中駅に変わった。1877（明治10）年2月には、京都駅が正式に開業している。向日町駅から西に約600メートル離れた場所にあるのが、阪急京都本線の東向日駅で、徒歩での乗り換えが可能である。

向日町駅の開業から遅れること約半世紀の1928（昭和3）年11月、新京阪鉄道の高槻町（現・高槻市）〜京都西院（現・西院）間の開通時に東向日町駅が誕生した。この当時の駅周辺は向日町で、1972（昭和47）年10月、同町が市制施行で向日市となったことに合わせて、東向日駅に駅名を変更している。駅の所在地は向日市寺戸町小佃である。東向日駅の構造は、相対式ホーム2面2線の地上駅で、駅舎は上下ホームの梅田寄りに存在し、ホーム間は地下道で結ばれている。特急、急行などは通過し、準急、普通のみが停車する。

東向日駅の南西にある向日市役所と、道路を挟んで存在しているのが京都向日町競輪場である。1950（昭和25）年に開場した際は向日町競輪場で、1986（昭和61）年に現在の名称となった。ここでは、全日本選抜競輪などのビッグ（GI）レースも開催されている。この南側に隣接する向日神社は、もともとは向神社、火雷神社という別の神社で、1275（建治元）年に両社が併祭されて向日神社になると、「向日明神」とも呼ばれる地元の総鎮守として崇敬された。1422（応永29）年に再建された本殿は、国の重要文化財に指定されている。

この駅の西側を流れる小畑川、善峰川の上流には、大原野神社や勝持寺といった古い歴史の古い神社仏閣が存在している。「京春日」とも呼ばれる大原野神社は奈良の春日大社、京都の吉田神社とともに、藤原氏の氏神となっており、「源氏物語」の作者である紫式部ゆかりの寺としても知られている。また、「花の寺」として有名な勝持寺は、大原野神社に近い場所にある天台宗の寺院で、歌人の西行ゆかりの寺でもある。679（天武天皇8）年に役小角が創建した後、784（延暦3）年に大原野神社が創建されるとその別当寺となった。境内には3代目となる西行桜が残されている。2つの社寺がある地下には、京都縦貫自動車道が通っている。

競輪ファンで賑わいを見せる向日町競輪場。

向日市の地名の由来となった向日神社。

「京春日」とも呼ばれてきた古社、大原野神社。

桜と紅葉の名所で、「花の寺」として有名な勝持寺。

東向日駅周辺

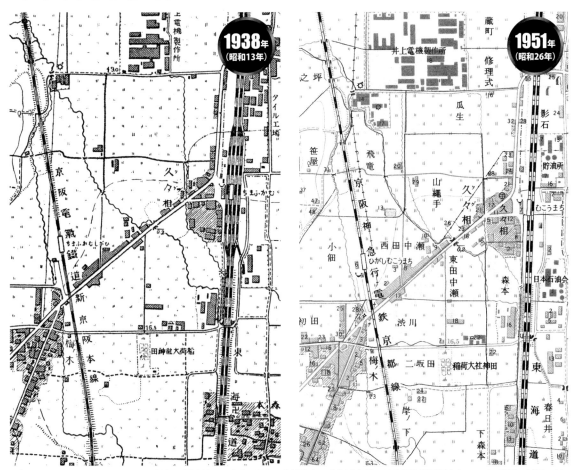

戦前の地図では、西側を走る京阪の新京阪（本）線には東向日町駅、東側を走る東海道本線には向日町駅が置かれている。戦後の地図では、前者は京阪神急行電鉄の駅に変わり、その後、1972（昭和47）年に東向日駅と改称している。向日町駅は1876（明治9）年にできた京都府最古参の鉄道駅であり、東向日町駅は約半世紀遅い1928（昭和3）年に開業している。この2つの駅は京都府道206号向日町停車場線で結ばれており、乗り換え可能な距離にある。府道206号は西国街道の一部となっており、東向日駅の南側からは西に向かう大原野道が延びている。この道路を横切るように北西から南東に向かって流れているのが寺戸川で、この川沿いには1982（昭和57）年に開校した寺戸中学校が存在している。寺戸川はやがて西羽束師川（にしはづかしがわ）と合流して南に向かって流れ、桂川に注ぐこととなる。

1928年11月1日、新京阪鉄道高槻町〜西院（仮駅）開通時に開設。
1972年10月1日、乙訓郡向日町の市制施行に伴い東向日と改称。
同時に西向日町も西向日と改称。
◎東向日町　1967（昭和42）年　撮影：林 嶢

2800系6両の特急河原町行。先頭にはパンタグラフのない制御車
2850形2852。2800系は1966年夏から6両編成化。
◎東向日町　1967（昭和42）年　撮影：林 嶢

洛西口駅

【所在地】京都府京都市西京区川島六ノ坪町
【開業】2003（平成15）年 3 月16日
【キロ程】36.3km（十三起点）　【ホーム】2 面 2 線
【乗降人員】10,051人（2021年度）

　2003（平成15）年 3 月、桂〜東向日間に新たに開業したのが洛西口駅である。駅の所在地は京都市西京区川島六ノ坪町で、東側を走る東海道本線には桂川駅が設置されている。約600メートル離れた東側の桂川駅は、2008（平成20）年10月の開業で、洛西口駅の新設に対して、JR西日本が後追いした形である。こちらの所在地は、京都市南区久世高田町で、駅の構造は島式ホーム 1 面 2 線の地上駅で、橋上駅舎を有している。

　洛西口駅は、1970年代の洛西ニュータウンの開発から始まった京都市西京区と向日市北部の人口増加に対応するために、阪急が開業した新駅である。駅の構造は、相対式ホーム 2 面 2 線を有する高架駅で、改札口は地上に存在している。駅の北側には、京都市南部を東西に結ぶ府道201号中山稲荷線が走っている。この「中山」とは、駅の西側の西京区大枝中山町の起点を示している。駅の北東には、陸上自衛隊の桂駐屯地が広がっている。

　京都市南西部にあたる西京区は1976（昭和51）年、右京区の松尾、桂、川岡、大枝、大原野地区が分区して誕生した。それ以前、このあたりには、葛野郡の桂村、川岡村、松尾村、乙訓郡の大枝村、大原野村が存在し、戦前から戦後にかけて京都市に編入された歴史がある。新しく京都市に加わった西京区では、農地から住宅地に変わる場所も多く、新たにやって来る住民の数も増加していた。こうした地元民の足として、当初は京都市営地下鉄東西線の延伸やライトレールの建設などの計画もあったが、いずれも実現しないままで立ち消えとなり、阪急の桂駅を発着する路線バスを利用する住民が多かった。そうした交通の不便さの解消として、まず、阪急がこの洛西口駅を開業し、駅前にバスターミナルが誕生したのである。

　さらに、洛西口駅の東側に存在したキリンビール京都工場跡地が再開発されて、2014（平成26）年にイオンモール京都桂川がオープン。企業の誘致や大規模マンションの建設を伴った開発により、京都桂川つむぎの街が生まれている。もともと、ここには1968（昭和43）年に操業を開始したキリンビール京都工場があったが、1999（平成11）年に操業を終えており、京都市、キリンビール、JR西日本などが協力し、再開発プロジェクトが進んでいった。

　洛西口駅から桂川駅を通って東側に延びる府道201号は、南からやってくる国道171号と一緒になって桂川に架かる久世橋を渡ってゆく。橋の東側は1970（昭和45）年に開通した久世橋通となる。「久世」という地名は、1874（明治 7 ）年に乙訓郡の下久世村、中久世村が合併して、久世村が誕生。1889（明治22）年に上久世村、大藪村、築山村、東辻川村と合併して、新たな久世村となった。1959（昭和34）年に京都市に編入されて、南区の一部となった。「久世茄子」は京の伝統野菜のひとつとなっている。

　最後となったが、この洛西口駅付近に短期間存在した、物集女駅についても触れておきたい。戦時中、このあたりに軍需工場があったことから、1946（昭和21）年 2 月に開業したが、1948（昭和23）年 3 月に廃止された。開業時にはすでに軍需工場は存在せず、わずか 2 年間の短命の駅となった。

桂川に架かる東海道本線と東海道新幹線の橋梁。

洛西口駅周辺

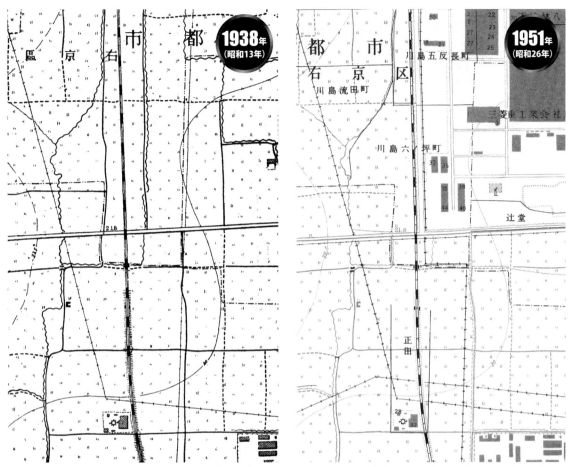

1938年（昭和13年）

1951年（昭和26年）

戦前に京都市右京区だった洛西口駅付近は、1976（昭和51）年に西京区に変わっているが、右の地図は右京区時代のものである。洛西口駅が置かれているのは西京区川島六ノ坪町であり、右の地図の中央上に町名の表示が見える。北東に「三菱重工業」の文字が見えるのは、太平洋戦争下において軍需工場があった名残である。現在は陸上自衛隊桂駐屯地や京都府立桂高校などが跡地を使用している。阪急京都線には終戦直後の短期間、物集女（もずめ）駅が置かれていた。物集女駅の廃駅（1948年）から約半世紀が経過した2003（平成15）年に洛西口駅が誕生。当初は地上駅だったが、2008（平成20）年から高架化の工事が始まり、2016（平成28）年に高架化の工事が完成した。駅西口のロータリーにはバスターミナルが設けられ、洛西バスターミナルや桂坂中央、JR桂川駅行きの路線バスが発着している。

京都洛西を走る2300系6両編成。写真左の建物は阪急向日町変電所（現存）。さらにその先に2003年3月16日、洛西口駅が開設され。
◎東向日町～桂
1966（昭和41）年
撮影：林嶢

桂駅

【所在地】京都府京都市西京区川島北裏町97- 2
【開業】1928(昭和3)年11月1日
【キロ程】38.0km(十三起点) 【ホーム】3面6線
【乗降人員】33,370人(2021年度)

阪急京都本線の主要駅であり、嵐山線の起点でもある桂駅の開業は、新京阪時代の1928(昭和3)年11月である。開業当時はギャンブレル屋根を用いた小さな洋風駅舎であったが、現在は1985(昭和60)年に完成した橋上駅舎が使用されており、旧6・7番ホーム跡には5階建ての商業ビル「mew阪急桂」が建てられている。すべての列車が本駅に停車することから利用客も多く、島式ホーム3面6線を有し、京都本線では最大級の規模を誇る。駅の北側には京都本線の車両基地である桂車庫が隣接し、京都本線所属の車両が適宜点検を受けている。駅の所在地は、西京区川島北裏町である。

「桂」という地名、駅名でまず思い出されるのは、世界的に有名な建築、庭園で知られる皇族の別邸だった桂離宮であろう。江戸時代の17世紀、八条宮家の別邸として桂川の西岸に建てられた離宮であり、回遊式の庭園は日本庭園の代表として広く知られている。書院造を基調にして数寄屋風を取り入れた建築群は、ドイツ人建築家のブルーノ・タウトが絶賛したこともあり、外国人観光客にも人気が高い。現在は宮内庁の管理下にあり、拝観は予約制でインターネット、往復はがき、京都事務所参観窓口のいずれかで行う必要がある。

桂川が流れるこの地は長く大小の集落と寺院が点在するのどかな地域で、百々池古墳や樫原廃寺跡など古代からの遺構が数多く確認されている。もともとは貴族の別荘なども多く、平安時代には藤原道長の別荘「桂殿」があった。近世・近代においては葛野郡桂村という農村地帯で、「桂うり」は京都の伝統野菜として知られている。1889(明治22)年、上桂村、下桂村、上野村、千代原村などが合併して、桂村が誕生。1931(昭和6)年に京都市に編入され、右京区の一部となり、1976(昭和51)年に西京区が分離された。

京都市の西にあたる桂は、古来より丹波、丹後を通って山陰地方に至る交通の要地であった。現在の山陰道は五条通から延びる桂バイパス(国道9号)で、西大橋で桂川を渡り、三宮神社から杏掛インターチェンジ方面に延びている。かつては八条通から西に延びて桂大橋を渡り、桂離宮の南側を通って桂駅付近に至るルートが、国道9号に指定されていたが、現在は京都府道142号となっている。この2つのルートが合流するのが、桂駅の

西にある樫原地区で、南からは物集女街道がやってくる場所として大いに賑わってきた。ここには樫原廃寺跡など古代の寺院跡があり、道沿いに点在する昔ながらの町家からもかつての繁栄の名残を感じられる。

近代に入ると、現在の京都府立大学の前身のひとつ、京都府簡易農学校が1896(明治29)年に当時の桂村(現・桂駅北側付近)へ移転してきた。その後、京都府立農林学校となり、1918(大正7)年に当時の愛宕郡下鴨村(現在の府立大学キャンパス)に移転するが、この間の1916(大正5)年に盛岡高等農林学校の生徒だった宮沢賢治が修学旅行で訪れたという記録がある。

桂川にかかるJR東海道本線の桂川鉄橋は、1876(明治9)年に大阪〜京都間の鉄道が仮開業(正式な開業は1877年)した際に架橋された橋で、上り線の橋脚部には当時、建造された煉瓦部分などが現役として使用されている。また、同じく桂川に架かる現在の桂大橋は4代目で、初代橋は1889(明治22)年、二代目橋は1905(明治38)年に架けられた後、1928(昭和3)年に三代目橋が架橋されて、1982(昭和57)年に現在の橋(四代目)に拡幅されている。

桂駅の東口、西口は周辺各地に向かう路線バスのバスターミナルになっており、京都大学桂キャンパスや洛西バスターミナルに向かうバスも多数、発着している。

桂に到着の3300系河原町行。先頭は京都方の制御電動車3400形3430。3300系は大阪市営地下鉄堺筋線乗入れ用で京都線、千里線内列車にも使用され、2000系以降の高性能車では初めてMMユニット方式になった。後方は桂車庫。
◎桂　1977(昭和52)年11月23日　撮影：荻原二郎

桂駅周辺

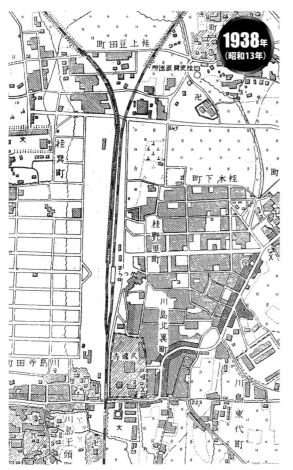

1938年
（昭和13年）

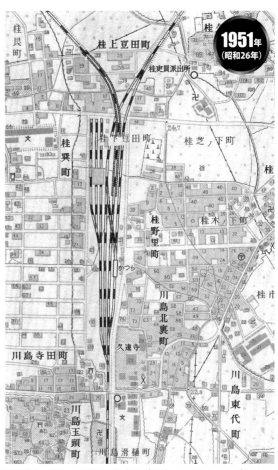

1951年
（昭和26年）

京都本線と嵐山線の分岐点となっている桂駅。当初はシンプルだった駅構内も、戦後には西側に桂車庫が整備されていたことがわかる。現在の桂駅は、島式3面6線のホームをもち、京都本線が2面4線、嵐山線が1面2線を利用しているが、1984（昭和59）年までは島式4面7線だった。戦前には農地が多かった桂駅の周囲にも、戦後には家屋が増えて、現在は京都市内西部の住宅地となっている。駅の南側に見える「文」は、京都市立川岡小学校である。ここは1872（明治5）年に川島村小学校として創立され、葛野郡の川島村が川岡村に変わって、校名が「川島」から「川岡」となった。一方、駅の北西にはあるのは京都市立桂小学校である。こちらは1872（明治5）年に千光寺を校舎とした桂林館として開校し、1889（明治22）年に桂村尋常小学校となった。1969（昭和44）年に桂東小学校が独立している。

100系の制御車1500形1505を先頭にした嵐山線列車。
◎桂　1966（昭和41）年1月3日　撮影：西原 博

嵐山線折返し列車に使用される100系3両編成。先頭は100形129。1960年頃から特徴ある貫通幌は撤去され、前面は平凡なスタイルになった。幌の撤去で100系らしさが失われたと嘆くファンも多かった。京都方で嵐山線は上り線（京都方面）と立体交差しているが、後に線路配置が変更され立体交差はなくなった。
◎桂　1966（昭和41）年1月3日　撮影：西原 博

桂を発車する2300系梅田行普通。
2300系は１Ｍ方式で２両から８両
までの編成が可能だった。
◎桂
1977（昭和52）年11月23日
撮影：荻原二郎

桂を発車する３ドア化された2800
系の急行梅田行。2800系は6300系
投入に伴い、1976〜79年に全車が
３ドア・ロングシート化された。
◎桂
1978（昭和53）年
撮影：野口昭雄

1975年７月から運転開始された
6300系第１編成（梅田方6350）の
特急梅田行。当時は大宮、西院両
駅が７両編成対応で、８両編成は
最後部のドアが開かないためそれ
を周知するステッカーが最前部と
最後部の車両に貼られた。
◎桂
1975（昭和50）年８月
撮影：山田 亮

桂で折り返す710系2両の嵐山線
列車。京都（嵐山）方の制御車760
形763が先頭。710系は神戸線810
系とともに1950～51年に登場。
敗戦直後の食糧難、生活難からよう
うやく脱しつつあった時代にあっ
て、その洗練されたデザインは私
鉄電車の最高峰といわれた。
◎桂
1956（昭和31）年11月18日
撮影：荻原二郎

新京阪時代の1936年に登場した
200系。同時期に登場した京阪
1000系と似ている。McTc 2両
固定編成で制御電動車（京都方）が
200形201、制御車（大阪方）は600
形601として登場したが、1956年
に250形251となった。千里線、最
後は嵐山線で運行され1970年に廃
車となった。
◎桂
1967（昭和42）年9月10日
撮影：荻原二郎

3ドア・ロングシート化された
710系4両編成の嵐山線列車。先
頭の714－764は第1次車でクロ
スシートで登場したが1965年にロ
ングシート化。1952～53年登場
の2次車（716－766、717－767）
は2ドア・ロングシートで登場。
710系は1968～71年に全車が3
ドア化。
◎桂
1977（昭和52）年11月23日
撮影：荻原二郎

阪急10形の2両編成（17-18）。
新京阪時代はデロ10形でP-5と
呼ばれた。
◎桂
1954（昭和29）年6月7日
撮影：荻原二郎

嵐山線で運行される100系2両編
成。
◎桂
1956（昭和31）年11月18日
撮影：荻原二郎

特徴ある緩衝器付貫通幌を装備し
た100系2両の嵐山線内折返し列
車。この貫通幌は常に前方に押し
出され、連結に際しても締結装置
が不要で付き合わせるだけで迅速
に連結でき、新京阪時代は淡路で
天神橋発着列車と十三発着列車の
連結、切り離しが短時間で行われ
威力を発揮した。
◎桂
1956（昭和31）年11月18日
撮影：荻原二郎

200系の大阪方制御車250形251。
昭和戦前の流線形流行時代に登場
した200系はMcTcの2両だけで、
60年代後半は嵐山線で運行。
◎桂
1967（昭和42）年9月10日
撮影：荻原二郎

嵐山線で運行される小型車10形の
2両編成。1925年、新京阪デロ10
形として登場しP-5と呼ばれ千
里山線（現・千里線）で運行された。
10系10が宝塚ファミリーランド内
の宝塚電車館で保存されていたが、
宝塚ファミリーランドの閉鎖に伴
い、現在は正雀工場内で保存。
◎桂
1954（昭和29）年6月7日
撮影：荻原二郎

710系2両（713-763）の嵐山線
折返し列車。710系は1950～53
年に登場し、600V、1500Vの複
電圧に対応。1950～51年登場の
710形711～715、制御車760形
761～765（第1次車）はドア間固
定クロスシートで1956年の特急梅
田乗り入れ以降は京都線特急に使
用され、2800系登場に伴い1965
年にロングシート化された。
◎桂
1956（昭和31）年11月18日
撮影：荻原二郎

西京極駅

【所在地】京都府京都市右京区西京極西池田町2
【開業】1928（昭和3）年11月1日
【キロ程】40.1km（十三起点）　【ホーム】2面2線
【乗降人員】12,961人（2021年度）

1928（昭和3）年11月、新京阪鉄道の京都西院駅（現・西院駅）までの延伸に合わせて開業した。副駅名は駅名よりも長い「西京極総合運動公園前駅」で、到着時にアナウンスされている。相対式2面2線ホームを有する西京極駅は、1988（昭和63）年の京都国体（第43回国民体育大会）開催に合わせて高架駅に改築され、正面のギャンブレル屋根を用いた駅舎は、1984（昭和59）年まで存在した、お隣の桂駅の木造駅舎を模して建設されたものである。

阪急京都線は、京都府内をほぼ真っすぐに北上する形だが、桂駅を過ぎると西院駅のある四条通を目指して、北東に進むことになる。両駅の中間に置かれているのが西京極駅であり、隣駅との距離は桂駅とは2.1キロ、西院駅とは1.8キロ離れている。ここから西院駅へは高架から地下へと線路構造が変化し、京都本線では珍しく地上式踏切が稼働する区域である。近年の利用者数は総合運動公園での競技大会・イベント利用が多く、ほぼ2万人で安定している。駅の所在地は右京区西京極西池田町である。

西側には天神川、桂川を流れる駅周辺は、1940（昭和15）年に開校した光華女子学園（高校、女子大学）があり、近年は住宅地・商業地化が進められているが、駅開業当時は農地が広がっていた。そこにやってきたのが、現在は西京極総合運動公園となっている京都市運動場である。1930（昭和5）年、昭和天皇御成婚を記念した御成婚奉祝記念事業として京都市運動場の建設が始まり、陸上競技場、野球場、体育館、プールなどが整備されていった。開場当時の面積は約14万平方メートルであったが、現在は約18万平方メートルになっている。京都でプロ野球の公式戦が行われてきたのがこの西京極球場であり、サッカーJ1の京都パープルサンガは2019（平成31）年まで、ここの球技場（陸上競技場）を本拠地としていた。

ところで、「（西）京極」とは、平安遷都（794年）により建設された、平安京の西の端を指しており、当時は左女牛小路（さめがこうじ）と呼ばれる東西の通りの終点が走っていた。一方、東京極は京都本線の終点である河原町駅あたりで、四条大路（現在の四条通）の東端であった。東京極が京都を代表する繁華街となっていったのに対して、西京極は平安京の中心から取り残された場所に変わり、江戸時代には京都近郊の農村となっていた。

明治維新後の1889（明治22）年、葛野郡の川勝寺村と郡村、徳大寺村の一部が合併して、京極村が成立。1931（昭和6）年に西院村、桂村などとともに京都市に編入されて、右京区の一部となった。室町時代の1527（大永7）年、細川家の内部対立で勃発した川勝寺口の戦いで知られる川勝寺は、松尾大社の御旅所があった場所で、1872（明治5）年に川勝寺村に開校した川勝寺小学校は、京都市立西京極小学校の前身のひとつである。

駅のすぐ西側を流れる天神川は、淀川水系の一級河川で、紙屋川とも呼ばれ、かつては西堀河という名もあった。天神川の名称は、北野天満宮の西側を流れていることに由来している。この川は水害をもたらすことも多く、1935（昭和10）年の京都水害の後、現在のような流れに付け替えられている。戦前の1938（昭和13）年から始まった改修工事は、戦時中の中断も経て戦後も続けられ、1958（昭和33）年には紙屋川に砂防堰堤が造られた。

阪急京都本線に沿って広がる京都市西京極総合運動公園。京都市を代表するスポーツ公園となっている。

西京極駅周辺

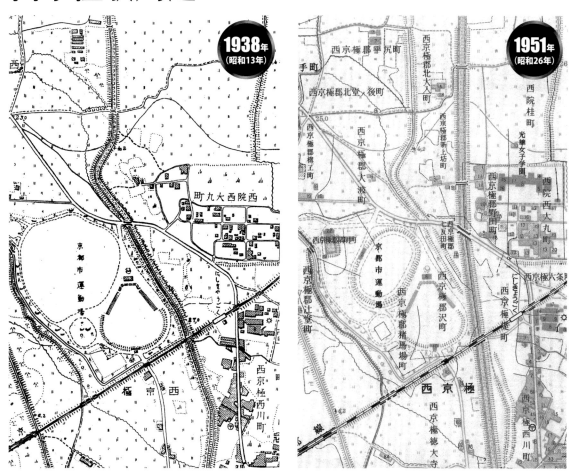

田園地帯の中に京都市運動場（現・京都市西京極総合運動公園）の2つの施設（陸上競技場、野球場）が見える、西京極駅付近の地図である。戦前の地図では、北側に西院西大丸町、南側に西京極西川町という2つの地名があるが、戦後の地図では家屋の数も増えて、「西京極」と「西京極郡（ごおり）」を冠した多数の地名が見えている。戦後の地図で、西京極駅の東側を走っている道路は、京都府道113号梅津東山七条線であり、この南側からは東側に向かい、七条通となっている。一方、北側では天神川に沿って北に延びており、この部分では国道162号と重複している。天神川は淀川水系の一級河川で、上流では紙屋川と呼ばれて、たびたび水害を起こす暴れ川だった。戦前の地図では、流路は湾曲した形だったが、1935（昭和10）年に発生した京都（鴨川）水害後に付け替えられて、現在のような直線の川となっている。

2015（平成27）年に駅前広場が整備された西京極駅。駅の構造は相対式ホーム2面2線の高架駅である。

7300系8両編成の急行梅田行。7300系は神戸・宝塚線7000系と同様の界磁チョッパ制御、回生ブレーキの車両。1982～89年に登場。
◎西京極～桂　1986（昭和61）年8月　撮影：山田 亮

桂川橋梁を渡る2800系の急行梅田行。2800系は急行に使用されることもあった。2800系は1971～72年に冷房化。
◎西京極～桂　1975（昭和50）年8月　撮影：山田 亮

登場して間もない6300系の特急河原町行が桂川橋梁を渡る。6300系は当初1編成だけで沿線の注目を浴びた。
◎西京極～桂　1975（昭和50）年8月　撮影：山田 亮

桂川橋梁を渡る5300系8両編成の特急梅田行。先頭は5302。この写真を撮影した日は2800系急行と5300系特急が運行されていた。
◎西京極～桂　1975（昭和50）年8月　撮影：山田 亮

西院駅

【所在地】京都府京都市右京区西院高山寺町38- 1
【開業】1928（昭和3）年11月1日（京都西院（仮駅）→西院）
【キロ程】41.9km（十三起点）　【ホーム】2面2線
【乗降人員】29,332人（2021年度）

1928（昭和3）年11月、新京阪鉄道の京都西院駅として開業した現在の西院駅。開業当初は京都側の起終点駅であり、1929（昭和4）年に発行された、京都市都市計画図では現在の駅ビルの位置に4面4線のホームを備えた地上駅を設けていたことがわかる。これは1928（昭和3）年11月、京都御所で行われる昭和天皇の即位の礼に合わせた仮駅での開業であった。その後、1931（昭和6）年3月、京阪京都（現・大宮）駅までの延伸に伴い、地下駅に変わり、現在のような相対式ホーム2面2線の構造となった。このときに建設された線路は、関西初の地下鉄として土木学会選奨土木遺産に指定されている。

西院駅の地上駅舎は、これまで長らく2階建ての駅ビルだったが、2019（令和元）年に地上4階建ての「西院阪急ビル」に生まれ変わった。新ビル内には金融機関や医療施設が入居しており、更なる活性化が見込まれている。また以前まで改札口は西側のみであったが、駅ビルの新築に合わせて、東側にも2か所の改札口が新設され、京福電鉄の西院駅との連絡が良好となった。駅の所在地は、右京区西院高山寺町である。また、連絡可能な京福電鉄の西院駅は、区の異なる中京区壬生仙念町に位置している。

このあたりは明治維新後、葛野郡西院村に属し、村役場は駅北西の西院春日神社鳥居そばに位置していた。付近には小さな集落が存在するくらいの農村地帯であったが、1918（大正7）年に朱雀野村、大内村、七条村とともに、西院村の一部が京都市に編入され、下京区（現・中京区）の一部となった。その後、1928（昭和3）年に京都市電の西大路線が開業して市街地化が進んでゆく。西院村は1931（昭和6）年、残りの部分が桂村、梅津村などとともに京都市に編入され、右京区が誕生している。

西院では四条通と西大路通が交差しており、交差点の名をとって西大路四条とも呼ばれてきた。現・阪急の西院駅が誕生するかなり前の1910（明治43）年には嵐山電車軌道（現・京福電鉄嵐山線）の西院駅が開業。その後、京都市電の停留場、新京阪電鉄（現・阪急京都線）の駅が誕生し、戦後も一時はトロリーバスも通っていた。

「西院」の地名は、第53代淳和天皇の後宮であ
る淳和院が設けられたことに由来するといわれる。読み方は時代によって「さい」「さいいん」の2種類が混在していたが、1934（昭和9）年、京都府の公示によって「さいいん」に定まった。しかし、阪急では「さいいん」、京福電車では「さい」と駅名の読み方が異なっている。京都市バスの到着時アナウンスでも分けて発音されている。西院の交差点の北東にある浄土宗の寺院、日照山高山寺は、淳和院の跡地である。

四条通りを東に行くと見えてくるのが、中京区壬生生花井町にあるNISSHA（日本写真印刷）である。日本写真印刷は1942（昭和17）年に創立された企業で、高度な美術印刷を得意としてきた。現在も残る本館は、1906（明治39）年、京都綿ネルの事務所として建設されたものである。この建物は、辻紡績所や島津製作所の所有となった後、1948（昭和23）年に日本写真印刷の施設となり、現在は国の登録有形文化財に指定されている。

京都市右京区西院春日町にある西院春日神社。833（天長10）年、淳和院の鎮守社として創建された。

京福電鉄嵐山本線の西院（さい）駅。始発駅の四条大宮駅から1.4キロ離れた隣駅である。

西院駅周辺

1938年（昭和13年）

1951年（昭和26年）

戦前には京都市街地の西のはずれであった西院付近。平安京時代には洛中であったが、やがて右京は衰退し、豊臣秀吉が築いた土塁「御土居」の外側となり、洛外と呼ばれるようになった。西院村の一部が京都市になるのは1918（大正7）年、残りが編入されるのは1931（昭和6）年である。戦前の一時期、京都側の起終点駅を置いた新京阪鉄道の駅は当初、地上の仮駅だったが、この地図の頃には京阪の新京阪線に変わり、地下に京都西院（現・西院）駅を置いていた。この東側には嵐電の西院駅が地上に存在している。「西院」の地名で呼ばれるこのあたりだが、交差点は四条通と西大路通が交わる「西大路四条」となっている。西大路通を南に行けば、八条通と九条通の中間に東海道本線が通り、JRの西大路駅が置かれている。この駅の東北には現在、山陰本線の梅小路京都西駅が開業し、京都鉄道博物館の最寄り駅となっている。

1928年11月1日、新京阪鉄道により開設。同時に高槻町～西院間が開業。西院～京阪京都（現・大宮）間は1931年3月31日開通。西院は地下駅で関西最初の地下鉄道だった。新京阪（→阪急）の西院は「さいいん」、京福電気鉄道嵐山本線の西院は「さい」と発音。
◎西院
1977（昭和52）年11月23日
撮影：荻原二郎

大宮駅

【所在地】京都府京都市中京区四条通大宮西入ル錦大宮町127
【開業】1931（昭和6）年3月31日（京阪京都→京都→大宮）
【キロ程】43.3km（十三起点）　**【ホーム】**2面2線
【乗降人員】17,920人（2021年度）

　京阪電気鉄道の傘下となった新京阪線（現・阪急京都線）が念願の京都市中心部への延伸を果たしたのは、1931（昭和6）年3月だった。この半年後（同年9月）には、柳条湖事件が起こり、満州事変がぼっ発する年である。新京阪鉄道時代の1928（昭和3）年11月に高槻町（現・高槻市）駅から京都西院（現・西院）駅までの延伸を果たしていたが、このときは仮駅での開業だった。そこから3年後、京阪京都（現・大宮）駅までの延伸時に、現在の西院～大宮間の地下線が開通。京阪京都駅が開業して、同時に京都西院駅も地下駅に変わり、西院駅と改称している。

　新しく京都側の起終点駅となった京阪京都駅は、京都市中心部の西側のターミナルである四条大宮にあり、ここには京都市電の停留場とともに、当時、京都電燈が経営する嵐山電鉄（嵐電、現・京福嵐山本線）の起終点駅である四条大宮駅が存在していた。新しい京阪京都駅の地上駅舎は、この嵐電駅とは四条大宮交差点を挟んで斜めに対峙する形で置かれたのである。駅の所在地は京都市中京区錦大宮町で、四条大宮交差点の北東の位置である。駅の構造は相対式ホーム2面2線の地下駅となっていた。

　ここで四条大宮について記しておくと、ここは京都市内のメインストリートである四条通と大宮通の交差点ではあるが、京都市電は四条通の東側と大宮通の南側に延びており、もう1本は北西に延びる後院通を経由して千本通に向かっていた。一方、四条通の西側に行く市電は存在せず、新京阪線の延伸から1年後の1932（昭和7）年4月に四条大宮～西大路四条（西院）間のトロリーバスが開業することになる。

　四条大宮に近い後院通沿いには京都市電の壬生車庫が置かれ、ここを車庫とする市電は数多かったが、市電廃止後は市バスの車庫、交通局の庁舎が置かれていた。現在は中京警察署と市バスの操車場となっている。碁盤の目に区切られている京都市内だが、後院通が斜めに通っているのは、明治末期～大正初期の市電開通時には、このあたりが田園地帯であり、北側の千本通周辺（西陣付近）と南側の大宮通周辺を結ぶショートカットの経路としての役割を果たしたのである。四条大宮交差点に近い後院通沿いには、中華料理の全国チェー

ンとして有名になった餃子の王将の創業1号店が存在し、店舗前には記念碑も建てられている。

　京都市電開通前の京都電気鉄道（京電）は、東側の堀川通、西洞院通を通っており、戦後も堀川通のチンチン電車（N電）として有名だった。壬生車庫のある一帯は、律宗の大本山であり、壬生狂言で有名な壬生寺が存在したものの、長く洛外にあたる葛野郡壬生村という農村だった。1889（明治22）年まで存在した壬生村は、合併により朱雀野村となった後、1918（大正7）年に大内村、七条村などとともに京都市に編入されて下京区の一部となる。その後、下京区と上京区からそれぞれの一部が分離されて、中京区が成立するのは1929（昭和4）年である。

　一方、四条通の東側は、1912（明治45・大正元）年に四条大宮～祇園石段下間の市電が開通、すでに堀川通と西洞院通を通って市内北部から京都駅に至る京電路線が存在するなど、人家が密集する場所だった。この堀川通と四条通が交わる四条堀川交差点の北東付近には、1908（明治41）年に京都市立高等女学校が開校。堀川高等女学校を経て、1948（昭和23）年に京都市立堀川高校となり、現在は京都を代表する進学校となっている。また、1997（平成9）年に現・京都堀川音楽高校が独立するまでは、音楽科を備えており、葉加瀬太郎や佐渡裕といった著名な音楽家を卒業生として輩出している。

　さて、現在の大宮駅は1943（昭和18）年に京阪と阪急が合併して、京阪神急行電鉄が誕生すると（京阪神）京都駅に改称。戦後も長く、（阪急）京都駅と呼ばれてきたが、1963（昭和38）年6月、京都本線の河原町延伸に伴い、大宮駅に変わった。1968（昭和43）年には現在の駅ビル「大宮阪急ビル」が竣工している。河原町延伸後も、この大宮駅は京都線における数少ない特急停車駅だったが、特急停車駅が増えていったのに対して、2001（平成13）年から昼間時間帯の特急が停車しない駅となった。現在も特急、快速特急は大宮駅は通過する。この駅の改札口は、メインとなる駅ビルの東改札口とともに、北改札口、西改札口が存在している。

大宮駅周辺

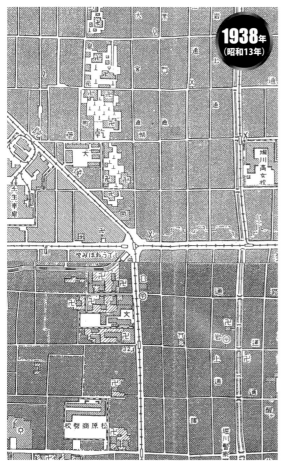

1938年
（昭和13年）

1951年
（昭和26年）

四条通と大宮通、後院通が交わる五差路の交差点、四条大宮周辺の地図で、碁盤の目の町が特徴の京都市中心部では珍しい形となっている。四条以北の大宮通は現在でも狭く、四条以南とは対照的な風景が広がっている。戦前、戦後の地図を通じて、この頃は堀川通（四条以北）に京都市電堀川線が走っていた。この線は京都電気鉄道に始まる狭軌の路線で、北野線のチンチン電車とも呼ばれ、改軌されないまま運行を続けて、1961（昭和36）年に廃止された。四条以南に路線が見えないのは、四条通を経由して東側の西洞院通を南下していたからである。後院通の西側に位置して構内にループ線が見える壬生車庫は、京都市電の車庫であり、市電を撮影していた鉄道ファンには懐かしい場所。四条大宮交差点南西には嵐電の四条大宮駅がある。四条堀川交差点北東の京都市立堀川高等女学校は、現在の京都市立堀川高校の前身である。

「京阪電車 大阪 神戸 嵐山ゆき」の大きな看板を掲げている新築の京阪京都（現・大宮）駅の地上駅舎である。1931（昭和6）年3月31日、新京阪線が京都西院（現・西院）～京阪京都（現・大宮）の地下線を延伸し、地上には新しい駅舎が出現した。開業を祝う立看板も見え、日の丸が飾られている駅前広場には多くの人々が集まっている。新たな看板を付けようとする3人の男性も見える。
◎1931（昭和6）年3月31日
撮影：朝日新聞社

烏丸駅

【所在地】京都府京都市下京区四条通烏丸東入ル長刀鉾町17
【開業】1963（昭和38）年6月17日
【キロ程】44.4km（十三起点）　【ホーム】1面2線
【乗降人員】57,182人（2021年度）

京都の経済の中心地である四条烏丸に位置する烏丸駅は1963（昭和38）年6月、大宮〜河原町間の延伸の際に開業した唯一の中間駅である。開業当時から、島式ホーム1面2線の地下駅であり、全ての車両が停車するなど京都側の中心駅である。開業当初は烏丸通、四条通を走る市電、市バスが市内各地への連絡手段だったが、市電廃止後の1981（昭和56）年5月、烏丸通に京都市営地下鉄が開通。四条駅が開業されたことで、この駅の利便性が大いにアップした。駅名は阪急が烏丸駅で、市営地下鉄は四条駅だが、阪急の西側の改札口から烏丸駅への乗り換えも便利である。

京都中心部の南北を走る烏丸（通）は「からすま」と称し、北は北大路から南は十条近くの久世橋まで続く大通りである。沿道には京都御所、旧京都中央電話局、京都駅など、京都を代表する場所も多い。特に四条通と交わる四条烏丸は百貨店の大丸や銀行、証券会社などの京都支店が多く集まる場所で、京都の経済を長らく担ってきた金融街でもある。京都の商工情報をまとめた「工商技術 都の魁」（1883年）をみると、この四条烏丸周辺に第一国立銀行（現・みずほ銀行）、第十三国立銀行（後の三和銀行）などが既に店舗を構えていたことがわかる。四条烏丸交差点には近年まで、三井（現・三井住友）銀行、三菱（現・三菱UFJ）銀行といった近代の隆盛を伝える銀行建築が軒を連ねていた。現在はどちらも解体されたが、旧三井銀行はファザードが保存され、当時の面影を今に伝えている。

また、交差点の北西には京都芸術センターがある。ここは京都市立明倫小学校を改装した芸術文化施設である。明治初期の京都は東京への奠都などで衰退が進み、その対策として「番組」と呼ばれる区域ごとに小学校を設置した歴史がある。昭和に入ると校舎の建て替えが行われ、数多くの小学校が近代建築として現存する。明倫小学校は1869（明治2）年に開校した下京三番組小学校が起源であり、祇園祭に参加する鉾町の子女が通っていたが、1993（平成5）年に閉校して高倉小学校に統合されている。

烏丸通を北へ進むと、烏丸三条の交差点に至る。ここを通る三条通は、東海道五十三次の終点であった三条大橋につながる通りとして栄え、近世における京都の中心地でもあった。京都最初の郵便局（現・中京郵便局）が開局するなど。近代でもメインストリートとして影響力を持ち続けた。このほか、旧日本銀行京都支店といった明治期の京都を象徴する近代建築が現存する。また昭和の初めに建てられた旧京都大毎会館は、テナント複合施設「1928ビル」として使用されている。

四条烏丸という街を語る上で、忘れてはならないのは、祇園祭との関係、特に長刀鉾の存在である。7月17日、祇園祭の山鉾巡行において「くじ取らず」として常に先頭を行く長刀鉾は、交差点の東側の四条通南北に広がる長刀鉾町の人々が受け継いできた、この祭りの中で最も歴史のある山鉾である。現在でも唯一、稚児が載る存在として、その選考や儀式なども注目されている。また、交差点の西側には菊水鉾、鶏鉾なども存在し、祭りを大いに盛り上げている。

もうひとつ特記すべきは大丸の京都店で、江戸時代に伏見で創業した大丸（大文字屋）は、1912（明治45）年に四条高倉西（烏丸東）の北側（現在地）に店舗を新築している。京都市民からは「大丸さん、高島屋はん」として親しまれた百貨店で、阪急の烏丸駅の東改札口を出れば、店舗の地下出入口は目の前である。現在は店舗を拡張し、錦市場で有名な錦通沿いにも出入口が設けられている。

都市銀行の京都支店が建ち並ぶ四条烏丸交差点。烏丸通を南に行けば、JR京都駅にたどりつく。

烏丸駅周辺

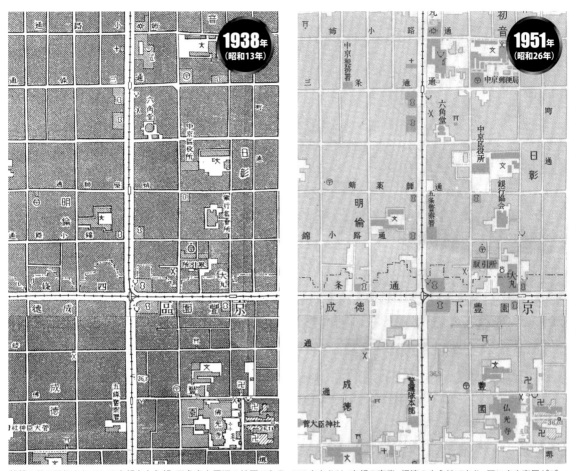

碁盤の目で区切られている京都市中心部、四条烏丸周辺の地図である。このあたりは、京都の商業、経済の中心地であり、既に寺や家屋がびっしりと建ち並んでいた場所である。「文」マークの小学校もかなり目立っているが、その多くは統合されて姿を消して、京都市の施設などに変わっている。このあたりは、四条通のやや北側から北が中京区、南が下京区となっている。歴史は下京区の方が古く、中京区は1929（昭和4）年に下京区と上京区の一部が分離、合併して成立している。2枚の地図では「日彰（小学校）」の西側に中京区役所が見えるが、現在は西の堀川御池付近に移転している。この中京区役所の南東には華道で有名な六角堂があり、さらに北には京都で最初の郵便局である中京郵便局が見える。この烏丸交差点の地下に阪急が烏丸駅を置くのは1963（昭和38）年で、東改札口を出れば、大丸京都店は目の前にある。

1963年6月17日、大宮～河原町間2.0㎞開通時に開設。京都市営地下鉄烏丸線（1981年5月29日開業）の四条との連絡駅。
◎烏丸
1965（昭和40）年5月15日
撮影：荻原二郎

京都河原町駅

【所在地】京都府京都市下京区四条通河原町西入ル真町52
【開業】1963（昭和38）年６月17日（河原町→京都河原町）
【キロ程】45.3km（十三起点）　【ホーム】１面３線
【乗降人員】48,950人（2021年度）

京都一の繁華街である四条河原町。阪急が京都線を大宮駅から延伸させて、河原町（現・京都河原町）駅を開業したのは1963（昭和38）年６月である。駅の構造は島式ホーム１面３線の地下駅で、改札口は河原町通に近い場所と木屋町通に近い場所の２カ所が設けられている。

四条河原町交差点の南東角には、かつて系列の百貨店「四条河原町阪急」があった。このデパートは1976（昭和51）年10月に開業し、京都中心部の百貨店の仲間入りを果たしたものの、営業成績は伸びず、2010（平成22）年に閉店した。その後、京都マルイをへて、現在は京都河原町ガーデンとなっている。一方、南西角には京都を代表する老舗百貨店の高島屋が店舗を構えている。京都店は1912（大正元）年、烏丸高辻に地上３階建ての店舗を開店。現在地に移転するための工事を開始するが、戦争の影響から工事は中止されて、店舗を開業させるのは戦後間もない1946（昭和21）年のことであった。

「四条河原町」という地名は、南北に走る河原町通と東西に延びる四条通が交わる場所の意味である。四条通は、東側は祇園石段下（八坂神社西門前）の東大路（東山通）との交差点から、西側は桂川を越えた先にある松尾大社付近までを結び、嵯峨街道・物集女街道に至っている。また、河原町通は北の今出川通から南の十条通までを結んでいる。四条通は、毎年７月に開催される祇園祭において、山鉾が最初に通るメインストリートで、河原町交差点における山鉾の大回しは観光客に大人気の一大イベントである。四条通、河原町通とも江戸・明治前期は道幅が狭く、当初の路面電車である京都電気鉄道（京電）は木屋町通、寺町通などを走っていた。1912（明治45）年以降、京都市三大事業として、道路の拡幅・市電の開業が推進され、1912（明治45・大正元）年に四条線の主な部分が開業。河原町通では1927（昭和２）年に中心部における市電が開通した。

市電開通後、河原町通が京都における南北のメインストリートになったのに対して、明治維新後、早くに歓楽街・興行街として発達したのが西側を走る新京極（通）である。東京奠都によって衰退しつつあった京都の街の振興策として、1872（明治５）年に寺町通の西側に整備された。このあたりは、古くは豊臣秀吉によって築かれた寺町であり、和泉式部と関係の深い誠心院など数多くの寺院が集中している。その変貌ぶりについては、1910（明治43）年の大阪朝日新聞京都版で、「京の町で一番賑やかな新京極、ツヒ維新前までは誓願寺の墓地であつたと知れば、何だか可愛い蝶々の前世が毛蟲なると同一の感じがする」と記されている。明治中期には夷谷座に代表される芝居小屋が軒を連ね、その一つである阪井座は現在の興行会社、松竹につながっている。明治末期には活動写真の登場とともに、パテー館など活動写真館が次々に誕生するなど、常に京都における文化の中心地であった。

また、東側の木屋町通は、さらに東の先斗町（通）と並んで、飲食店などが集まる繁華街として有名だが、かつては路面電車が走る南北のメインストリートのひとつであった。ここに阪急の河原町駅が東側の地上出入口を設けたのは、当然の流れであり、高瀬川に架かる四条小橋を渡れば、すぐに鴨川である。さらに四条大橋を渡れば、京阪の四条（現・祇園四条）駅、南座が存在している。もちろん、舞妓さんの聖地、祇園もすぐそこで、ここから東を目指す観光客も多いのである。

地上駅だった頃の京阪の四条（現・祇園四条）駅と京都市電。レストラン菊水は老舗のレストラン（洋食店）として人気がある。

京都河原町駅周辺

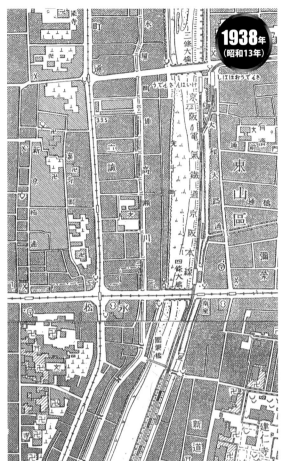

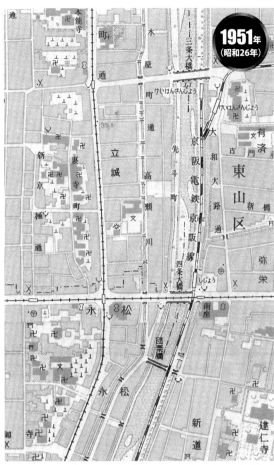

鴨川が流れる京都市中心部の東寄り、四条河原町周辺の地図である。四条通を東に進めば、東大路（東山）通と交わる祇園石段下の交差点がある。河原町通を北に行けば、現・叡山電鉄叡山本線と京阪電鉄（京阪）鴨東線が起終点駅としている出町柳駅の西側、河原町今出川交差点に至る。2枚の地図の当時は四条通、河原町通ともに京都市電が走っていた。鴨川の左（東）岸にはこの当時、地上に京阪の京都本線が走っていた。歌舞伎の劇場として有名な南座付近（四条京阪前）に置かれていたのが、京阪の四条（現・祇園四条）駅である。一方、北側を走る三条通には、京阪の起終点駅だった三条駅が置かれている。ここはかつての東海道の起終点で、大津方面に向かう京津（現・大津）線の三条大橋（後の京津三条）駅も存在した。阪急の河原町（現・京都河原町）駅が、四条河原町交差点の地下に開業するのは1963（昭和38）年である。

河原町（現・京都河原町）で発車を待つ2800系梅田行特急。2800系は京阪特急1900系に対抗のため急遽製造され、1964年5月から運転開始され翌1965年7月までに6編成が登場、1966年7月に1編成増備されて7編成がそろった。河原町は2019年10月1日に京都河原町と改称された。
◎河原町
1966（昭和41）年1月3日
撮影：西原 博

戦前の阪急京都線

1931（昭和6）年3月、京都西院（現・西院）〜京阪京都（現・大宮）間の地下線開業を控えた京都西院駅に入ろうとする新京阪鉄道のデイ100（P-6）形電車である。この新京阪鉄道のP-6形電車は、1927（昭和2）年から1929（昭和4）年にかけて導入された電車で、戦後の阪急京都本線でも100形として活躍した。天神橋〜京都西院間を34分で結ぶ超特急にも使用された。
◎京都西院
1931（昭和6）年3月26日
撮影：朝日新聞社

1928（昭和3）年11月、京都西院（現・西院）駅まで延伸を果たした新京阪鉄道。京都側から大阪側の天神橋駅に向かう3両編成の電車が、桂川橋梁を渡ろうとしている。桂川は現在の京都市右京区と西京区の間を流れる川で、この阪急橋梁の下流には桂大橋が架けられている。この橋を渡れば、間もなく桂離宮がある桂地域で、京都本線と嵐山線との分岐点である桂駅はすぐそこである。
◎1928（昭和3）年11月1日　撮影：朝日新聞社

高槻町（現・高槻市）駅を通過する新京阪鉄道のデイ100形（P-6）電車で、1両編成の急行として運行されていたものである。当時の高槻市駅周辺には、大きな建物はほとんどなく、後方に大阪高等医学専門学校（現・大阪医科薬科大学）の校舎が見えている。その後、高槻町も人口が増加し、1943（昭和18）年1月に市制を施行。同時に高槻市となったときに高槻市駅に変わった。
◎1930（昭和5）年　撮影：朝日新聞社

1925（大正14）年10月、新京阪鉄道の大阪側の起終点駅として開業した天神橋（現・天神橋筋六丁目）駅。当初は仮駅で、翌年に7階建ての駅ビルが完成した。ここは関西初の高架駅で、駅ビルの2階に島式2面4線のホームが設置されていた。左側のホームには北大阪電気鉄道1（P-1）形の1両（6号）が入線しようとしている。当時、この駅の周囲には商都・大阪らしい日本家屋の家並みが広がっていた。
◎1925（大正14）年10月15日　撮影：朝日新聞社

天神橋筋六丁目駅

【所在地】大阪府大阪市北区浪花町14-28
【開業】1925（大正14）年10月15日
（天神橋→天神橋筋六丁目）
【キロ程】0.0km（天神橋筋六丁目起点）
【ホーム】2面4線
【乗降人員】16,191人（2019年度）

淀川に架かる長柄橋を渡って天神橋筋を南に下ってゆくと、都島通と交わる交差点に置かれているのが天神橋筋六丁目駅。その所在地は、駅名とほぼ同じ北区天神橋六丁目（天六）で、かつては住居表示も天神橋筋六丁目だった。阪急京都線の前身となった新京阪鉄道がこの地に駅を置いたのは、1925（大正14）年10月15日であり、当初の駅名は天神橋駅。この当時、現在の隣駅である柴島駅との間には長柄駅が存在していた。長柄駅は戦時中に不要不急の駅として廃止されている。

さて、天神橋駅は新京阪鉄道の大阪側の起点であり、開業当初は仮駅でスタートしたが、翌年（1926年）には天六交差点の北東角に立派な駅ビルが誕生した。7階建ての新駅ビルには新京阪鉄道の本社が入り、直営の食堂やマーケットも入居していた。列車が発着するプラットホームは2階に設置されており、まさに近代的なビルの中の鉄道駅となった。

開業間もない頃の駅ビルと鉄道の様子については、「新京阪電車沿線御案内」（1928年）でこのように描写されている。「市電堺筋線と梅田都島線の交叉する所謂天六に山魏峨とそびえる七層楼がそれである。関西で最初に出来た高架鐵道に他に類例ない快速力の最新全鋼大型電車は乗り心地がいい。殊に内部の構造は写真の通所謂『ロマンスカー』である。車窓に市内の甍を瞰下して進めば、場面は更に展開して延長七百米の新淀川大鉄橋にさしかかる。右手に見ゆる[毛馬の閘門]は市内河川の水位を調節する為めに設けられたもので、水の都の死活の鍵を握って居る」。

この駅ビルは戦後も使用され続け、地下駅に移ってからも天六阪急ビルとして存在した。戦後、阪急の駅となった天神橋駅は、1969（昭和44）年に大阪市営地下鉄（現・大阪メトロ）の堺筋線の天神橋筋六丁目～動物園前間が開業し、相互直通運転が開始された際に地下駅に移り、名称も天神橋筋六丁目駅と改めた。1974（昭和49）年には地下鉄谷町線の東梅田～都島間の延伸により、連絡駅として機能が増した。駅の構造は阪急線・堺筋線、谷町線がともに島式ホーム1面2線を有している。堺筋線は開業時には動物園前駅までの7.0キロの路線であり、長く延伸しなかったが、1993（平成5）年に天下茶屋駅まで延伸した。地下鉄堺筋線は天神橋筋六丁目駅に近い北側では天神橋筋の下を走り、北浜駅から南では堺筋の下を走ることとなる。その後、2010（平成22）年に天六阪急ビルは取り壊されて、2013（平成25）年に超高層マンション「ジオ天六ツインタワーズ」に生まれ変わっている。

大阪では、南北に走る道路を「筋」という。この天神橋筋は文字通り、天神さま（大阪天満宮）に向かうための参道である。現在の道路は大正初期に大阪市電天神橋西筋線を通すために拡幅されたもので、それまでは松屋町筋とも呼ばれていた。本来の天神橋筋は、1本東を並行して走る、現在の天神橋筋商店街の通りである。この天神橋筋商店街は、全長2.6キロに及ぶ「日本一長い商店街」として知られており、全国から買い物客、観光客が集まる場所。江戸時代前期に始まった青物市に由来する長い歴史を有している。いまも約600の店舗があり、商都・大阪でも有数の賑わいを見せる場所である。

1975年5月に廃止された阪神北大阪線。車両は1形5号。阪神北大阪線は1914年8月に野田～天六（天神橋筋六丁目）間に開通。1927年7月の阪神国道線（路面電車）開通後は同線の支線扱いになった。◎天神橋筋六丁目　1972（昭和47）年　撮影：安田就視

天神橋筋六丁目駅周辺

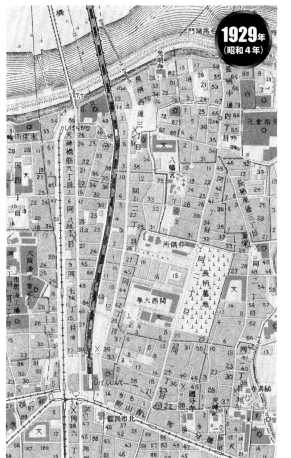

1929年
（昭和4年）

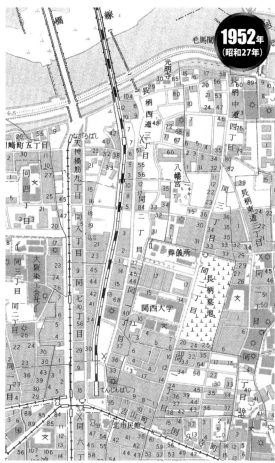

1952年
（昭和27年）

戦前には梅田と並ぶ、大阪キタの一大ターミナルだった天神橋筋六丁目付近、新旧2枚の地図である。現在の阪急千里線が北に延びて、淀川を渡る橋梁の西側には長柄橋が架けられている。新京阪鉄道（現・阪急千里線）がここに大阪側のターミナル駅として、天神橋（現・天神橋筋六丁目）駅を置いたのは、1925（大正14）年だが、それ以前の1914（大正3）年に阪神電気鉄道（阪神）が北大阪線（軌道線）の起終点駅を設けていた。これに大阪市電の路線があり、さらに新京阪鉄道（後に京阪、阪急線）が加わったことで、賑わいのあるターミナルとなったのである。駅の北東には、長柄墓地（現・大阪市設北霊園）と関西大学の天六キャンパスが存在していた。関大キャンパスは千里山キャンパスに移転して、跡地に阪急ほかが開発した高層マンション「ジオ天六ツインタワーズ」が建てられている。

1925年10月15日、新京阪鉄道により開設。駅舎は地上7階建ての関西最初のターミナルビルで2階にホームがあった。1969年12月6日、大阪市営地下鉄堺筋線開通で地下鉄の天神橋筋六丁目駅と統合され地下化。駅前からの大阪市電北浜線は1968年5月廃止。駅舎（阪急天六ビル）は2010年に取り壊された。
◎天神橋
1968（昭和43）年頃
撮影：山田虎雄

柴島駅

【所在地】大阪府大阪市東淀川区柴島2-12-3
【開業】1925（大正14）年10月15日
【キロ程】2.2km（天神橋筋六丁目起点）　【ホーム】2面2線
【乗降人員】3,751人（2021年度）

現在は千里線の淡路～天神橋筋六丁目間において、唯一の中間駅となっている柴島（くにじま）駅だが、戦前には新淀川の南側にもうひとつの中間駅、長柄駅が存在した。しかし、この長柄駅は、新京阪鉄道の淡路～天神橋間が開業した1925（大正14）年10月には設置されておらず、2か月遅れた同年12月に開業している。その後、太平洋戦争中の1944（昭和19）年2月に廃駅となった。

さて、新淀川の右岸（北）に置かれている柴島駅は1925（大正14）年10月の開業である。この地にはこれより早く、1914（大正3）年に大阪市水道局の柴島水源地（浄水場）が誕生していた。この柴島浄水場は現役の浄水施設で、敷地内には体験型施設の水道記念館もあって、春・夏休みや週末・祝日などに一般公開されている。千里線はこの柴島浄水場の東側を走っており、西側には京都線（旧・新京阪本線）の線路が走っている。

地図を見ると明らかであるが、柴島駅は淀川キリスト教病院と法華寺・東淀川柴島郵便局などに挟まれた狭いスペースにホーム、駅舎があり、さらに両側に道路も存在している。駅の所在地は大阪市東淀川区柴島2丁目で、駅の構造は相対式ホーム2面2線を有する地上駅である。現在、この駅付近では京都線・千里線の連続立体交差事業の工事が行われており、2024（令和6）年度末には高架線に切り替わる計画で、柴島駅も位置を変えて高架駅になる予定である。

柴島はもとともは神崎川と中島川に囲まれた中州、中島の地名とされ、戦国時代には柴島城があった。その後、大坂夏の陣に参戦した徳川方の稲葉紀通が支配する4万5700石の領国の城となったが、主が丹波・福知山に移った後に廃城となった。この柴島城の東側にあったとされるのが柴島神社であり、1901（明治34）年の淀川改修事業の影響を受けて現在地（駅北東、柴島3丁目）にやってきた。柴島神社は鎌倉時代の1232（貞永元）年の創建とされ、八幡大神、天照大御神、春日大神を祀っている。柴島駅の周辺には、このほかにも「柴島」を冠した施設が多数存在している。西側にある府立柴島高校は1975（昭和50）年の開校で、半世紀近い歴史を有している。また、大阪市立柴島中学校も駅南東に存在する。淀川に沿っては淀川通が走っており、河川敷には淀川ゴルフクラブが営業している。

千里線が利用する阪急淀川橋梁の下流に架かる長柄橋（古代）は、大阪で最も歴史の古い有名な橋である。一説には推古天皇の時代、あるいは嵯峨天皇時の812（弘仁3）年の架橋とされ、おそらくは淀川の島の間に渡された橋らしい。また、この橋の架橋に際して人柱として犠牲になった男性の逸話が受け継がれており、著名な橋ではあったが、中世以降は存在せず、長く文書などでしか知られることはなかった。ようやく近代になって、1909（明治42）年に新淀川に架かる最初の橋として初代（近代）の長柄橋が架橋された。現在の長柄橋は1936（昭和11）年に架けられた二代目である。なお、古代の橋の位置は現在とはかなり異なる場所（上流）にあったとされるが、川の流路も異なり、位置も不明である。

淀川を渡る3300系の動物園前行。
◎柴島～天神橋筋六丁目　1970（昭和45）年2月6日
撮影：小川峯生

柴島駅周辺

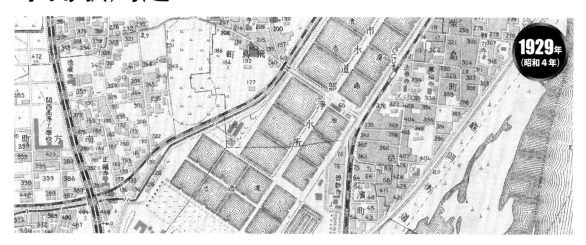

1929年（昭和4年）

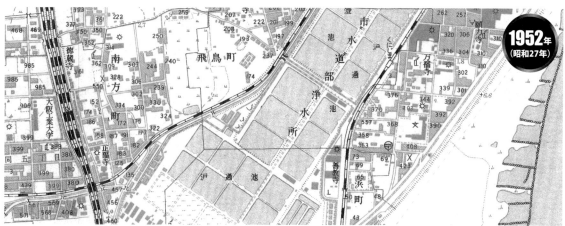

1952年（昭和27年）

大阪市水道局の柴島浄水場を挟んで、阪急の京都本線と千里線が並行して走っており、京都本線には崇禅寺駅、千里線には柴島駅が置かれている。戦前の地図では、柴島駅の東、淀川に沿って亀岡街道が走っている。この亀岡街道は、大阪市内から北摂地方をへて、京都府亀岡市（丹波・亀岡）に至る街道で、淀川や神崎川の流路の変更により、その経路はかなり変わっている。このあたりの亀岡街道は現在、淀川通（大阪府道14号）と呼ばれている。柴島駅の東側には法華寺、萬（万）福寺、願力寺が存在している。法華寺は曹洞宗の寺院で、以前は柴島浄水場付近にあったが、1914（大正3）年の浄水場建設にあたって、現在地に移転したといわれる。万福寺は浄土真宗本願寺派の寺院である。また、願力寺は真宗大谷派の寺院である。万福寺の南側に見える「文」マークは、大阪市立柴島中学校である。

千里線柴島付近を走る3300系動物園前行。千里線（当時は千里山線）天神橋〜淡路間は1925年10月15日、新京阪鉄道により開通。天神橋はターミナル駅で大阪市電、阪神北大阪線（路面電車）と接続した。天神橋は1969年12月の大阪市営地下鉄との直通運転開始時に地下鉄の天神橋筋六丁目駅に統合された。
◎柴島
1970（昭和45）年2月6日
撮影：小川峯生

下新庄駅

【所在地】大阪府大阪市東淀川区下新庄5-1-21
【開業】1921(大正10)年4月1日
【キロ程】4.4km(天神橋筋六丁目起点) 【ホーム】2面2線
【乗降人員】6,539人(2021年度)

京都本線に上新庄駅があるのに対して、千里線には下新庄駅が置かれている。東淀川区には上新庄と下新庄という住居表示があり、下新庄駅の所在地は下新庄5丁目で、このあたりは「しもしん」とも呼ばれている。「新庄」は、ビッグボスで有名な苗字となっているが、地名としては山形県、石川県、和歌山県など全国各地に存在している。その意味は「新しい庄(荘、荘園)」で、本来の荘園に対して、追加で開墾された地を意味している。

下新庄駅は1921(大正10)年、新京阪鉄道の前身である北大阪電気鉄道の駅として開業している。2年後の1923(大正12)年に新京阪鉄道の駅に変わり、京阪電気鉄道をへて、阪急の駅となった。駅の構造は相対式ホーム2面2線を有する地上駅であるが、現在、京都・千里線において連続立体交差事業が行われており、将来、高架駅に変わる予定である。この駅は神崎川の南に位置しており、川の対岸は吹田市であるほか、北東側も吹田市であるため、吹田市民の利用者も多い。駅のすぐ南側には東海道新幹線が走り、西側にはJRおおさか東線も走っている。さらに東海道新幹線の南側には阪急京都線の線路もあり、さまざまな鉄道路線が通る場所である。

さて、戦前の新京阪時代の沿線案内図を見ると、この駅の周辺には「北陽商業」と「浪速商業」という2つの学校が描かれている。このうち、浪速商業は、浪商学園の前身で、現在は大阪体育大学浪商中学校・高校となっている。1921(大正10)年の創立時は天王寺区内にあったが、1926(大正15)年に東淀川区国次町(現・淡路)に移転し、1963(昭和38)年に茨木市に移るまで、校舎が存在した。

北陽商業は、関西大学北陽高校の前身であり、1925(大正14)年に東淀川区長柄町の仮校舎で開校し、1926(大正15)年に下新庄町に本校舎が完成した。その後、現・淀川区内に移転し、さらに第二グラウンドがあった東淀川区上新庄に新しい校舎が誕生し、関西大学北陽中学校・高校となっている。その場所は阪急京都線と東海道新幹線に挟まれており、車窓から校舎・グラウンドの様子を眺めることができる。北陽高校はスポーツに力を入れており、卒業生には多くのアスリートが含まれている。中でも現・阪神タイガースの岡田彰布監督、プロレスの前田日明が有名で、芸人で芥川作家になった又吉直樹もサッカー部出身の卒業生である。

710系4両が神崎川橋梁を渡る。架線柱が独特の形で橋脚も新旧が混在している。北大阪電気鉄道が建設した京都線南方付近〜淡路〜千里線吹田付近は1913年10月まで国鉄(当時は鉄道院)東海道本線が通っていた線路跡を譲り受けた。この橋梁は国鉄時代の橋脚を利用して架橋され、補強のため新たな橋脚も造られ新旧が混在していた。架け替え工事のため2017年11月に使用停止。
◎下新庄〜吹田 1969(昭和44)年9月23日 撮影:小川峯生

下新庄駅周辺

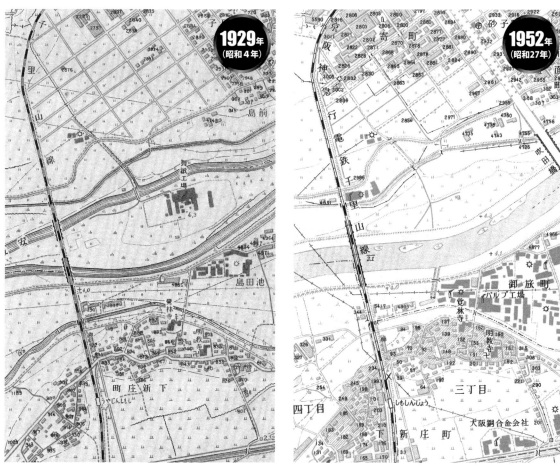

1929年（昭和4年）

1952年（昭和27年）

神崎川の南に位置している下新庄駅は、1921（大正10）年に開業している。このあたりは大阪市東淀川区下新庄だが、橋を渡ればすぐそこは吹田市内であり、吹田市南部に適当な鉄道駅がないことから、吹田市民の利用者も多かった。しかし、2019（平成31）年にJRのおおさか東線が開通し、南吹田駅、JR淡路駅が開業したことなどで、乗降客数は減少している。下新庄駅の北西には覚林寺、明教寺が存在している。覚林寺、明教寺はともに浄土真宗本願寺派の寺院で、明教寺は豊臣秀吉の家臣、中川清兵衛（清秀）の築いた新城の跡地に建てられている。この「新城」が「新庄」の地名の由来ともいわれている。戦前、神崎川と安威川の中州にあった製紙工場は、戦後には神崎川の南側に位置するパルプ工場になっている。現在、このあたりにはマンション群に変わり、上流部分に日本触媒吹田工場などが誕生している。

神崎川橋梁を渡る3300系の北千里行。十三〜千里山間は北大阪電気鉄道により建設され十三〜淡路間は1921年4月1日、淡路〜千里山間は1921年10月26日開通。この橋梁は架線柱が独特の形で阪急名物だったが、2017年11月に架け替え工事のため上流側の仮橋梁に移った。現在、旧橋梁の位置に新橋梁建設中。
◎下新庄〜吹田
1969（昭和44）年9月23日
撮影：小川峯生

吹田駅

【所在地】大阪府吹田市西の庄町12-21
【開業】1964（昭和39）年4月10日
【キロ程】6.0km（天神橋筋六丁目起点）　【ホーム】2面2線
【乗降人員】12,190人（2021年度）

　吹田市は人口約39万1000人、大阪府では第6位の人口を有しており、1970（昭和45）年に開催された大阪万博の会場となった万博記念公園があることで知られている。市域の北側には千里丘陵が広がっており、阪急の千里線はこの吹田駅から吹田市内を徐々に北上して行き、北西端に近い北千里駅に至ることとなる。

　吹田駅は東海道本線に同名の駅が存在し、当然のことながらJR駅の方が歴史は古い。官設（国有）鉄道の駅として1876（明治9）年に開業した吹田駅は、関西でもひと際長い歴史を有している。その後、1918（大正7）年に神崎（現・尼崎）駅方面に延びる貨物支線が開通。さらに1929（昭和4）年には、片町線の貨物支線もやってきた。これを見ても、吹田（駅）は、関西における鉄道貨物輸送の要地であったことがわかるが、ご存知のようにかつては「吹田」という地名を冠した、巨大な操車場が存在していたのである。

　1923（大正12）年に開設された吹田操車場は、東洋一といわれる規模を誇る貨物駅で、現在の岸辺駅と千里丘駅の間に広がっていた。もっとも、千里丘駅は1938（昭和13）年、岸辺駅は1947（昭和22）年の開業であり、開業当時は吹田駅が最も近い旅客駅だったのである。この本は阪急京都線について述べるものであり、詳しい説明は省略するが、そんな巨大な貨物駅だった吹田操車場も鉄道貨物輸送の減少により、1984（昭和59）年に信号場に格下げされ、現在は吹田貨物ターミナル駅に変わっている。

　もうひとつ、吹田には貨物輸送に関する大きな存在がある。それは1891（明治24）年、当時の吹田村に誕生した大阪麦酒の吹田村醸造場で、ここで大量生産されたビールが日本各地に送り出されたのである。これは関東におけるビールの一大生産地だった恵比寿（日本麦酒醸造・恵比寿駅）に比べて、10年も早いものである。大坂麦酒は後に合併により、大日本麦酒となり、現在はアサヒビールに名を変えているものの、吹田に工場を構えている。現在もJR吹田駅の西側に隣接する場所に広大な用地を有しており、アサヒビール発祥の地として、アサヒビール吹田工場の存在感は揺るぎないものとなっている。

　一方、阪急の吹田駅はこのアサヒビール工場の南西に位置している。JR駅とは少し距離が離れているが、内環状線を挟んですぐ南には吹田市役所があり、吹田市民にとって便利な場所に置かれている。現在は吹田駅を名乗っているが、1964（昭和39）年までは市役所前駅を名乗っていた。この駅の歴史をさかのぼってみると、1921（大正10）年の北大阪電気鉄道の開業時に東吹田駅と西吹田駅が開業。1943（昭和18）年にそれぞれ、吹田駅（初代）と市役所前駅に改称し、戦後の1964年に合併して、旧吹田駅は廃止され、旧市役所前駅が新しい吹田駅（2代目）となった。旧吹田（東吹田）駅は東海道本線の南側にあり、市役所前駅との距離は約200メートルと短かった。現在の吹田駅の構造は、相対式ホーム2面2線の地上駅で、南北に改札口があり、上下ホームは地下道で結ばれている。駅の所在地は吹田市西の庄町である。

　「吹田」の地名の由来は、市内高浜町に鎮座する吹田大宮高浜神社の伝承によれば、河内国にいた豪族、次田（吹田）連がこの地に来て、次田村を起こしたとされる。古代には吹田庄が成立し、中世には吹田城が存在していたとされる。また、一説では稲作が盛んな「水田」から「吹田」になったともいわれる。明治維新後の1889（明治22）年に島下郡吹田村が成立し、三島郡に変更の後、1908（明治41）年に吹田町となった。1940（昭和15）年に吹田町、千里村、岸部村、豊津村が合併して、吹田市が誕生している。なお、市内には「吹田」を含む駅として、2019（平成31）年にJRのおおさか東線に南吹田駅が開業している。また、現在の阪急京都本線の相川駅は、1928（昭和3）年に吹田町駅として開業し、その後も吹田東口駅などとなり、1954（昭和29）年に現在の駅名に改めている。

134

吹田駅周辺

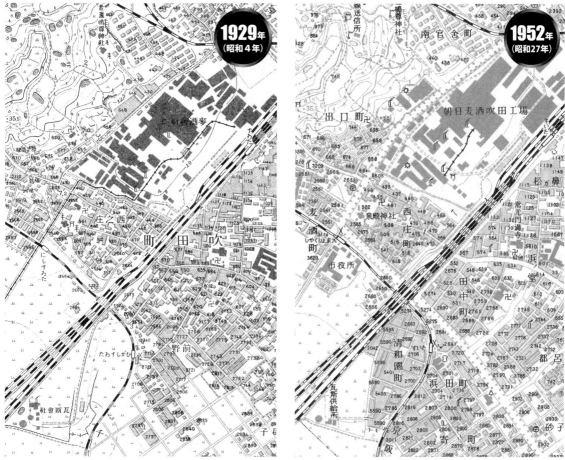

戦前の北大阪電気鉄道から新京阪線の時代、国鉄の東海道本線の南側に置かれていた東吹田駅は、実際には国鉄の吹田駅の南西に位置していた。その後、吹田駅に駅名を変更した後、1964（昭和39）年に市役所前（旧・西吹田）駅と統合されて、現在のような吹田駅が誕生した。戦後の地図では、この目の前に場所に吹田市役所が置かれたことから、駅の乗降客の数、利便性もアップしている。北東にはアサヒビール（朝日麦酒）の吹田工場が広がっており、すぐそばには泉殿神社（宮）も鎮座している。この神社は水にゆかりが深く、平安時代にここでの里人の祈りが干ばつを救ったという逸話がある。明治時代には境内の清水（泉殿霊泉）がビール醸造に最適として、アサヒビール前身の大阪麦酒がここに工場を開いたといわれている。駅の市側に見える「麦酒町」は吹田市の地名として駅の東西に存在していた。

千里山線時代には2つの駅が存在し、統合されて現在の阪急千里線の吹田駅になっている。

豊津駅

【所在地】大阪府吹田市垂水町 1‐1‐4
【開業】1921（大正10）年 4 月 1 日
【キロ程】6.9km（天神橋筋六丁目起点）　【ホーム】2 面 2 線
【乗降人員】10,864人（2021年度）

　1921（大正10）年 4 月、阪急京都・千里線の前身となる路線を開いた北大阪電気鉄道が最初に開通させた区間が十三〜淡路〜豊津間で、このときに豊津駅が誕生した。豊津駅はこの後、同年10月に千里山駅まで延伸するまでの半年間、北大阪電気鉄道の終着駅となっていた。当時の所在地は豊島郡豊津村で、その後に豊能郡の所属となり、1940（昭和15）年に三島郡吹田町、千里村、岸部村と合併して吹田市が成立している。現在の駅の所在地は吹田市垂水町 1 丁目であるが、1889（明治22）年の豊津村誕生以前には、垂水村が存在していた。

　「垂水」の地名の由来となった駅の北西に鎮座する垂水神社は、「延喜式」に記載されている古社で、垂水神は水の神として古くから篤く信仰されてきた。主祭神の豊城入彦命は、この神社の祭祀に関係する垂水氏の遠祖とされている。垂水という地名は全国各地に存在しており、JR山陽本線の垂水駅が存在する神戸市垂水区（旧垂水町）が最も有名である。

　豊津駅の東側には片山神社や市民体育館などがある片山公園が広がっている。片山神社は、陶芸の始祖とされる素戔嗚尊を祀る神社で、創建などは不詳だが、平安時代にさかのぼるとされている。片山公園の北の片山町には、西日本旅客鉄道（JR西日本）の社員研修センターがあり、屋外には実習線や踏切、信号、屋内には運行中のものと同じ車両も設置されている。この施設は1943（昭和18）年、国鉄大阪鉄道局の吹田鉄道研修所として開設され、関西鉄道学園となった後、JR西日本に継承され、2021（令和 3 ）年にリニューアルされている。

　豊津駅は相対式 2 面 2 線を有する地上駅で、改札口は地下に存在している。駅西側に川の流れがあり、やがて南西に向かって神崎川に注ぐのが糸田川である。その源は千里丘陵にあり、豊津駅の東、南で山の谷川、上の川に合流している。天井川であるため、過去にたびたび洪水に見舞われた歴史があり、2004（平成16）年に桜堤が整備された。また、上の川は現在、暗渠化を行い、遊歩道を造る工事が進められている。糸田川沿い下流には吹田市立豊津中学校が置かれている。この学校は1955（昭和30）年に第一中学校の校区が分離される形で開校した。

大阪府道145号豊中吹田線が、阪急千里線を横切る場所に置かれている豊津駅。この踏切は健在である。

豊津駅周辺

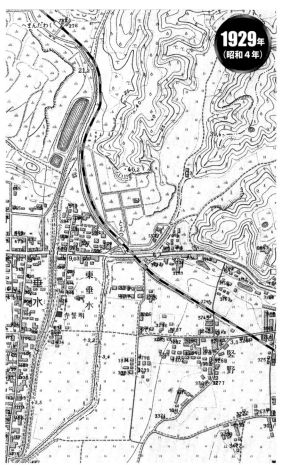

1929年（昭和4年）

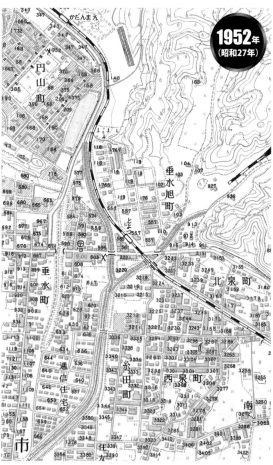

1952年（昭和27年）

緩やかにカーブしている現・千里線の豊津駅付近の地図である。戦前、駅付近には垂水神社にゆかりのある「東垂水」「西垂水」といった地名があったが、戦後には「垂水町」「垂水旭町」などと変わり、「糸田町」「木泉町」といった住居表示も誕生している。大阪府豊能郡にあった豊津村は、1889（明治22）年に垂水村と榎坂村が合併して誕生しており、村の玄関口が豊津駅だった。しかし、その後、豊津村は吹田市の一部となり、地名も改称された。現在、「豊津町」は北大阪急行電鉄江坂駅の西側の住居表示となっている。なお、かつての榎坂村はその後、豊津村大字の「榎阪」となり、現在は「江坂」に変わっている。豊津駅の東側に広がる丘陵地帯は、片山公園として整備されている。ここには中央図書館、片山市民体育館、市民プールといった吹田市の公共施設が多く集められており、平和のバラ園も設けられている。

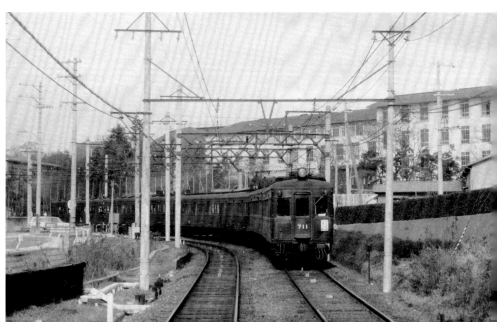

710系6両の千里線梅田行。両端の4両は2ドア、中間の2両は3ドア化されている。背後の建物は関西大学第一中学校、高等学校でその奥に関西大学千里山キャンパスがある。1964年4月10日、豊津〜千里山間の花壇前、大学前両駅を統合してその中間に関大前駅が開設された。
◎豊津〜関大前
1970（昭和45）年2月6日
撮影：小川峯生

関大前駅

【所在地】大阪府吹田市山手町3- 8-19
【開業】1964（昭和39）年4月10日
【キロ程】7.8km（天神橋筋六丁目起点）　【ホーム】2面2線
【乗降人員】17,372人（2021年度）

　大阪の名門私大、関西大学に通う学生生たちが多く利用することで、「関大前」を名乗っている駅である。駅の東側に広がる丘陵地帯には、関西大学千里山キャンパスと関西大学第一中学校・高校、関西大学幼稚園の校地・園地が広がっている。関西大学が千里山学舎に移転したのは北大阪電気鉄道が延伸した1921（大正10）年の翌年（1922年）のことであり、その後もキャンパスを拡大して、この地を関大のキャンパスタウンに変えていった。

　しかし、この駅が「関大前」を名乗るようになったのは1964（昭和39）年である。1922（大正11）年4月、関大のキャンパス移転とともに、「大学前」という学校の玄関口となる駅が誕生していたが、その前の1921（大正10）年10月には、「花壇前」という別の駅が先立って開業している。この駅も「前」という名称でわかるように当時、菊人形で有名だった遊園地「千里山花壇」の玄関口の役割を果たしていた。

　大正時代に開業したこの2つの駅が統合されて、現在の関大前駅が誕生したのが1964（昭和39）年4月であるが、それまで2つの駅は対照的な歴史を経てきた。大学前駅が当初の駅名を名乗り続けたのに対し、花壇前駅は5回の駅名改称を繰り返した（駅名は5つ）。原因は太平洋戦争の影響などにより、戦前、戦中、戦後という変化の時期において、遊園地（娯楽施設）という存在が大きく揺さぶられたことによる。

　路線を設けた北大阪電気鉄道が、沿線に乗客を誘致するために開いたのが千里山花壇（後に遊園）だった。ここは枚方遊園（現・ひらパー）より先に、菊人形というアトラクションに目を付けた娯楽施設であり、草花をメインにして春夏秋冬の草花を集めて多くの来園者を集め、戦後の再開後もしばらくの間は営業を続けた。その間、千里山花壇から千里山遊園、千里山厚生園、最後は千里山遊園という名称に

戻って、1950（昭和25）年に廃園となった。ここの所有者が北大阪電気鉄道、新京阪鉄道、京阪電気鉄道、京阪神急行電鉄（現・阪急）と変わる中、同様に駅名も移り変わることとなる。1938（昭和13）年に千里山遊園駅、1943（昭和18）年に千里山厚生園駅、1946（昭和21）年に千里山遊園駅に戻り、1950（昭和25）年に女子学院前駅、1951（昭和26）年に花壇町駅と変遷している。途中、遊園地の跡地に校舎を建てる学校のために駅名も変わったこともあったが、結局、関西大学が用地を買収してキャンパスを拡大することとなった。関大の付属高校である関大一高が、長柄の天六学舎から千里山（関西大学外苑）にやってきたのは、1953（昭和28）年である。小型ヨットによる太平洋単独無寄港横断、世界一周で知られる堀江謙一はこの高校のヨット部OBで、このほかスポーツ界で活躍している卒業生は数多い。

　現在の関大前駅は吹田市山手町3丁目に駅舎があり、駅の構造は相対式ホーム2面2線を有する地上駅である。改札口は、南北の地下にそれぞれ存在している。なお、北側には名神高速道路が走っており、北東は千里山東、北西は千里山西となっている。また、線路を挟んだ山手町の反対側（駅南西）は円山町となっている。

現在の千里線（当時は北大阪電気鉄道）の花壇前（現・関大前）駅に停車している北大阪電気鉄道1（P- 1）形の試運転電車と、それを見よう（あるいは乗ろう）としている着物姿の子供たちが見えている。花壇前駅は1921（大正10）年に開業し、1938（昭和13）年に千里山遊園駅に改称、その後に駅名の変遷を繰り返し、1964（昭和39）年に大学前駅と合併して、関大前駅となった。この写真は反対ホームにいる電車の運転台から撮影されたと思われる。◎1921（大正10）年3月　撮影：朝日新聞社

関大前駅周辺

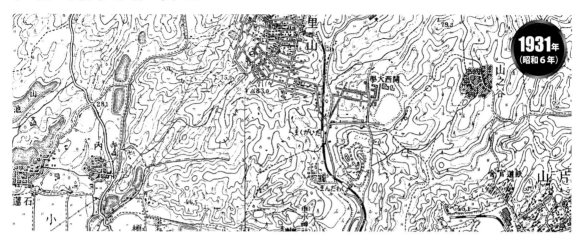

1931年（昭和6年）

1970年（昭和45年）

戦前における（新）京阪の千里山線には、南から花壇前駅、大学前駅、千里山駅が置かれていた。このうち、戦後に1964（昭和39）年、南側の2つの駅が統合されて、現在の関大前駅が開業している。戦前の大学前駅、戦後の関大前駅は文字通り、ここに千里山キャンパスを置く関西大学に通う学生が利用する駅となっている。戦後、関西大学はキャンパスを拡大し、関西大学第一中学校・高校、関西大学幼稚園などが誕生している。戦後の地図では、御堂筋と北大阪急行電鉄南北線が開通し、名神高速道路も誕生している。西側は豊中市であり、服部緑地がオープンした。北大阪急行電鉄の緑地公園駅を最寄り駅とする服部緑地は大阪四大緑地のひとつであり、面積は約126.3ヘクタール、甲子園球場33個分の広さを誇っている。公園内には日本民家集落博物館、野外音楽堂、都市緑化植物園、乗馬センターなどの施設がある。

関西大学千里山キャンパスなどに通う学生、生徒が多数利用する関大前駅。これは北改札側の西口である。

千里山駅

【所在地】大阪府吹田市千里山西5-1-3
【開業】1921（大正10）年10月26日
【キロ程】8.6km（天神橋筋六丁目起点）　【ホーム】2面2線
【乗降人員】12,973人（2021年度）

1921（大正10）年10月、北大阪電気鉄道の延伸により開業した千里山駅。その後、1963（昭和38）年8月に新千里山（現・南千里）駅へ延伸するまで、北大阪電気鉄道、新京阪鉄道、京阪鉄道、京阪神急行電鉄の時代を通じて、千里（山）線の終着駅となっていた。駅の所在地は吹田市千里山西5丁目で、駅の構造は相対式ホーム2面2線を有する地上駅である。改札口は東口。西口の双方の地下にあり、ホーム間は地下道で結ばれている。1988（昭和63）年には、新しい駅ビル「千里山阪急ビル」がオープンしている。

「千里山」という地名は、千里丘陵の南側にあたり、かつては松林や竹林、桃畑が広がっていた。現在では関西大学の千里山キャンパスが有名であるが、戦前期には大阪住宅経営が売り出した沿線住宅地の千里山住宅地が広く知られていた。ここは英国のレッチワースをモデルとした田園都市の実現であり、都会人の憧れの場所でもあった。千里山住宅地は、駅西側のロータリーから放射状に道路が延び、広さは約9万8300坪、1区画は7、80坪で2000戸の住宅建設が予定されていた。生活インフラとして電気、ガス、上下水道が整備され、売店や公衆浴場、テニスコートなどの設備もあった。1926（大正15）年には、この住宅地の氏神として、京都の伏見稲荷大社から倉稲魂神を勧請し、春姫大明神と合祀して千里山神社とした。神社の奥には住宅地に水を送る配水池が存在している。

千里山住宅地があったのは、当時の三島郡千里村。千里（ちさと）村は1889（明治22）年に島下郡の佐井寺村と片山村が合併して成立している。1940（昭和15）年、この千里村と豊津村、岸部村が吹田町と合併して、現在の吹田市が誕生している。北大阪電気鉄道時代には名前のなかった路線は、新京阪時代になると千里山線と呼ばれるようになっている。

また、戦前には開発が進まなかった駅の東側では、昭和30年代から、日本住宅公団（現・UR）による千里山団地の建設が進められた。集合住宅に最初の入居者が入ったのは1957（昭和32）年。4階建てのモダンなアパート（団地）は、時代の最先端の住宅として各界から注目された。しかし、半世紀以上が経過すると建物は老朽化し、千里山駅周辺整備事業として、2011（平成23）年から駅前の再開発とともに団地の建て替えが進められた。2016（平成28）年には駅前に千里山駅東駅前交通広場も誕生、商業施設の「BiVi千里山」や自転車駐車場も誕生した。

一方、古くからの村名の由来となっていた寺院、佐井寺は、駅の北東やや離れた場所に存在している。ここは山田寺とも呼ばれる真言宗の古刹で、677（天武天皇6）年に創建されている。開山は法相宗の僧、道昭で、後には弟子の行基が受け継いだ。寺名の由来となった「佐井の清水」は行基が祈祷で湧き出させたといわれ、眼病の特効薬として珍重された。

この佐井寺とは道路を隔てたすぐ北側には、伊射奈岐（いざなぎ）神社が鎮座している。なお、同名の神社が南千里駅に近い、山田東2丁目に存在している。

吹田市佐井寺1丁目にある伊射奈岐（いざなぎ）神社。真言宗の寺院、佐井寺とは道路を距てたすぐ北側に鎮座している。

千里山駅周辺

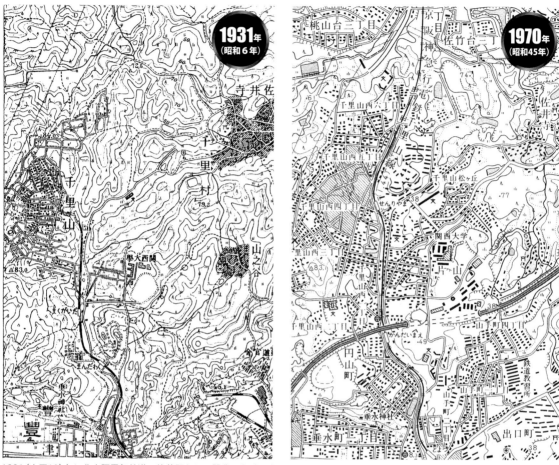

1931年
（昭和6年）

1970年
（昭和45年）

1921（大正10）年に北大阪電気鉄道の終着駅として開業した千里山駅。その周辺の地図であり、戦後も長く阪急千里山（現・千里）線の終着駅だったが、1963（昭和38）年に新千里山（現・南千里）駅まで延伸したことで中間駅に変わった。戦前と戦後の地図で大きく変わっているのは、南側の花壇前（現・関大前）駅付近に名神高速道路が開通していることである。この北側には関西大学の千里山キャンパスが存在している。千里山駅付近では戦前、西側に千里山住宅地が開発されていたが、戦後は東側に千里山団地が誕生し、その周辺にも住宅地が広がっている。戦前から駅の東側に見える「文」は吹田市立千里第二小学校で、1923（大正12）年に関西大学のキャンパス内に誕生した千里尋常小学校の分教場からスタートした。なお千里第一小学校はJR吹田駅付近、千里第三小学校は関大前駅の西側に存在している。

阪急千里線の前身、北大阪電気鉄道時代に開発された歴史ある住宅地の玄関口となってきた千里山駅。

南千里駅

【所在地】大阪府吹田市津雲台1-1-1
【開業】1963 (昭和38) 年 8 月29日 (新千里山→南千里)
【キロ程】10.2km (天神橋筋六丁目起点) 【ホーム】2 面 2 線
【乗降人員】16,141人 (2021年度)

現在の千里線のうち、千里山駅までは戦前に北大阪鉄道が開業した路線であるのに対して、この南千里駅を含む北側の路線は戦後、京阪神急行電鉄が新しく開いたものである。そのうち、千里山〜新千里山 (現・南千里) 間の1.6キロは1963 (昭和38) 年 8 月に開通した。開業当初は「新千里山」の駅名であったが、1967 (昭和42) 年 3 月の北千里駅への延伸に伴い、南千里駅と改称している。現在は 3 階建ての高架駅となっているが、開業当時は地上駅だった。駅の構造も、開業時は島式ホーム 1 面 2 線であったが、延伸時に上りホームが増設されて、相対式ホーム 2 面 2 線に変わっている。

南千里駅の周辺には、桃山台、佐竹台、高野台、竹見台といった「台」の付く地名が目立っている。これはこのあたりが千里丘陵の一角であることを示しており、昭和30年代以降、阪急による千里 (山) 線と北大阪急行電鉄の延伸、開業とともに、千里ニュータウンが開発されてゆく。さらに1970 (昭和45) 年の大阪万博の開催が、地域の開発に拍車をかけたのである。その間、住宅、団地の建設とともに公園、緑地が整備されたことで、駅周辺には千里南公園、桃山公園、高野公園など多くの公園が存在している。

さて、こうした公園のひとつである千里南公園において、1961 (昭和36) 年、千里ニュータウンのC住区 (佐竹台住区) の起工式が行われた。その 3 年前の1958 (昭和33) 年、大阪府が開発を決定した千里ニュータウンは、1160ヘクタールという広大な面積の土地に人口15万人が暮らす住宅地を造るという壮大なプランだった。その最初となった佐竹台は現・南千里駅の東側にあたり、1962 (昭和37) 年 9 月から第一期の入居が始まっている。続いて、1963 (昭和38) 年 4 月には、津雲台、高野台でも入居が開始された。しかし、この当時は新千里

山 (現・南千里) 駅が開業しておらず、住民の足となっていたのは、国鉄の吹田駅、阪急の千里山駅方面からやってくる路線バスであった。ようやく、1963 (昭和38) 年 8 月に新千里山駅が開業して、千里ニュータウンの南の玄関駅となり、商業施設の阪急オアシスが誕生したことで、ニュータウン住民の生活はぐんと楽になった。

駅の北側に広がる千里南公園は、1963 (昭和38) 年に開園した公園で、牛ヶ首池周囲を散策できる916メートルの遊歩道、文学碑を集めた千里石ぶみの丘などがある。面積は約10.6ヘクタールで、カフェレストランや釣り堀の設備もある。なお、千里線はこの公園の地下を走って山田駅方面に向かうことになる。

千里ニュータウンに至るもう 1 本の鉄道路線、北大阪急行電鉄が開通するのは1970 (昭和45) 年 2 月であり、南千里駅の1.5キロ西側に桃山台駅が開業した。両駅の間には、桃山台、竹見台の住宅地があり、桃山公園が存在している。1971 (昭和46) 年に開園した桃山公園は、春日大池を中心に緑が広がり、遊歩道や健康器具、健康歩道などが整備されている。付近には竹見公園、吹田市立桃山台小学校、千里たけみ小学校、竹見台中学校などもある。

高層住宅が建ち並ぶ千里ニュータウンの竹見台団地。タケノコの産地であったことからその名が付けられた。

南千里駅周辺

1931年
（昭和6年）

1970年
（昭和45年）

戦前の地図では人家、集落がなかった千里村の丘陵地帯に、阪急千里山（現・千里）線が延伸してきたのは1963（昭和38）年で、この地に新千里山（現・南千里）駅を開業した。1967（昭和42）年に北千里駅まで延伸した際、千里線に変わり、南千里駅に改称している。この駅は新たに開発された千里ニュータウンの南側の玄関口であり、付近には佐竹台、高野台、桃山台といった新しい街が誕生している。「桃山台」は1970（昭和45）年、西側に開業する北大阪急行電鉄南北線の駅名に採用されている。また、少し離れた北側には中国縦貫自動車道が開通している。この中国縦貫自動車道は、東側を通る名神高速道路と交わる吹田ジャンクションから西に延びて山口県に至る高速道路であり、この下を大阪府道2号大阪中央環状線が走っている。この道路付近には現在、千里線の山田駅が開業している。

1948年登場の運輸省規格型車両700系6両の千里線梅田行。中間に付随車750形（旧1300形）が2両入っている。4両目はMc（制御電動車）だがパンタグラフは装備されていない。
◎万国博西口〜南千里
1970（昭和45）年2月6日
撮影：小川峯生

山田駅

【所在地】大阪府吹田市山田西4-1-1
【開業】1973（昭和48）年11月23日
【キロ程】11.6km（天神橋筋六丁目起点）　【ホーム】2面2線
【乗降人員】18,369人（2021年度）

　千里ニュータウンの玄関駅のひとつであり、大阪モノレールとの乗り換え駅になっている山田駅。開業は半世紀前の1973（昭和48）年11月だが、1970（昭和45）年には付近に万国博西口駅が置かれていた。駅の所在地は吹田市山田西4丁目。「山田」の地名は、1889（明治22）年から島下郡（後に三島郡）山田村が存在しており、1955（昭和30）年に吹田市に編入された後、一部は茨木市に分離、編入されている。

　駅周辺の多くの施設が、1970（昭和45）年の大阪万博後にできているのに対して、駅の南側、千里線の線路沿いにある府立千里高校は1967（昭和42）年に開校している。初期の卒業生には、フジテレビのアナウンサーだった小出美奈がいる。また、駅の東側、万博記念公園の南側にある山田高校はバブル時代の1984（昭和59）年に開校した。このほか、吹田市内では1974（昭和49）年に吹田東高校、1978（昭和53）年に北千里高校が開校するなど、昭和後期に4つの府立高校が誕生している。

　さて、1969（昭和44）年11月に開業した臨時駅、万国博西口駅は万博会場西口と陸橋で結ばれる位置に設置され、万博開催中は多くの利用者があったが、1970（昭和45）年9月に廃止され、駐車場などに転用された。その場所は現在の山田駅から約800メートル北にあり、両駅の間には中央環状線・中国自動車道が走っている。駅の構造はともに相対式ホーム2面2線を有する地上駅である。連絡する大阪モノレールの山田駅は、1990（平成2）年6月に開業、こちらは島式ホーム1面2線の高架駅である。2003（平成5）年には、複合商業施設「デュー阪急山田」がオープンしている。

　中央環状線を西に進んだ約1.9キロの地点には、大阪モノレールの千里中央駅が存在し、北大阪急行電鉄の駅と連絡している。一方、東側に進むと中国自動車道、名神高速道路、近畿自動車道が交わる吹田ジャンクションとの間には、万国博記念公園が広がり、大阪モノレールの万博記念公園駅がある。いうまでもなく、ここは1970（昭和45）年に大阪万博が開催された場所であり、太陽の塔、大阪日本民芸館、日本庭園をはじめとする数々のメモリアルな施設が残されている。多くのパビリオンが撤去された跡地は緑豊かな自然文化園となっている。また、1977（昭和52）年には、梅棹忠夫を館長とした展示・研究施設（大学共同利用機関）の国立民族学博物館が開館している。2004（平成16）年の中之島に移転するまでは、旧万国博美術館の施設を利用した国立国際美術館も存在した。

　ここで、山田村（山田地区）の古い歴史に触れておくと、江戸時代から豊中市と茨木市の間を結ぶ道、山田街道という存在があった。この山田街道は南北に2本あったともいわれる。その名残といえるのが山田東4丁目にある山田三つ辻道標で、ここで山田街道は箕面と摂津を結ぶ小野原街道と分岐していた。この付近には千里丘陵を源として安威川に注ぐ山田川の流れがあり、古い街並みも残されており、馬上門が残る旧竹中家などが見どころとなっている。また、正業寺、宗名寺といった寺院も存在している。

1970（昭和45）年に千里丘陵で開催された日本万国博覧会（大阪万博）の会場。シンボルゾーンのテーマ館として建てられた太陽の塔は芸術家、岡本太郎氏の代表作として、万博記念公園に保存されている。

山田駅周辺

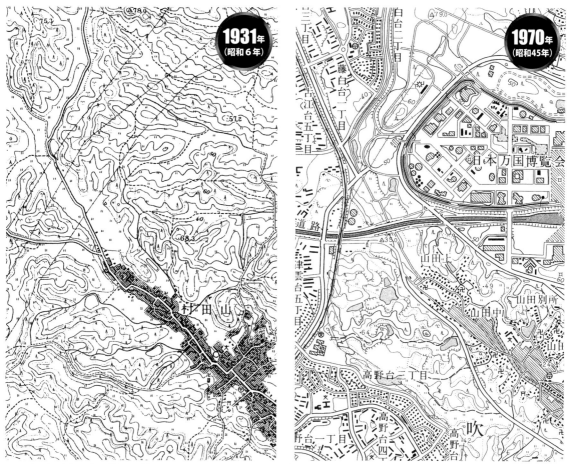

1889（明治22）年に島下（後に三島）郡の山田村として成立し、1955（昭和30）年に吹田市の一部に変わるまで存在した山田村が、戦前の地図の右下に見える。集落の間を通っている道路は、山田街道とも小野原街道とも呼ばれてきた。戦後の地図（1970年）では、西側に阪急千里線が走り、中央付近を中国縦貫自動車道・大阪府道2号大阪中央環状線が通っている。そして、この北東に広がるのが日本万国博覧会（大阪万博）の会場で、現在は万博記念公園となっている。万博開催期間中は臨時駅の万国博西口駅が開設されていたが、この駅の廃止3年後の1973（昭和48）年には約800メートル南側に山田駅が開業した。現在は大阪モノレール線との連絡駅となり、同線の山田駅が誕生している。万博記念公園の南側（吹田市山田東3丁目）には1984（昭和59）年、大阪府立山田高校が開校している。

1990（平成2）年に大阪モノレール本線が開通し、連絡駅となった山田駅。阪急の山田駅は地上駅である。

阪急3300系の後方に万国博西口駅が見える。同駅は1969年11月10日から1970年9月14日まで開設。1973年11月23日、万国博西口駅の南側、中央環状線、中国高速道との交差付近に山田駅が開設。
◎万国博西口〜南千里　1969（昭和44）年11月23日　撮影：小川峯生

大阪府吹田市の日本万国博覧会（大阪万博）の会場付近において、北大阪急行電鉄の試運転電車が走る地上線の上を、阪急千里線の電車が横切っている風景である。1970（昭和45）年2月、大阪万博の開催（同年3〜9月）に先立ち、北大阪急行電鉄が江坂〜千里中央〜万国博中央口間の路線を開業。9月に千里中央〜万国博中央口間が廃止されるまでは、こうした風景を見ることができた。
◎1970（昭和45）年1月22日　撮影：朝日新聞社

『吹田市史』に登場する阪急京都線

交通動脈としての阪急千里線

吹田市域の中央部を南北に縦断し、吹田市の交通動脈として最も重要な役割を果たしているのは阪急千里線である。当線は、吹田とその周辺地域を大阪市に直結させる目的で大正10（1921）年に敷設された北大阪電気鉄道の後身であるが、沿線での市街地の発達や教育施設の進出に加えて、昭和37年からは千里ニュータウンの交通機関としての役割も負わされることとなったため、近年はその重要性をますます高めている。たとえば、市内各駅での乗客数の推移を国鉄東海道本線の場合と比較すれば、昭和40～46年の間に国鉄の2駅（吹田・岸辺）の乗客数がほとんど横ばいかあるいはやや減少を来たしているのに対して、阪急千里線6駅の乗客総数は同期間に5割増を遂げている。すなわち、40年当時の阪急千里線の乗客数は国鉄のそれの1.5倍であったものが、46年には2.6倍にまで増加した。このような数字の中にも阪急千里線の果たしている役割の大きさが理解されよう。

阪急千里線は46年3月現在、市内に吹田、豊津、関大前、千里山、南千里、北千里の6駅を置く。このうち南千里（旧称新千里）と北千里は、千里ニュータウンの造成に合わせて千里山以北の路線の延長があり、38年8月、42年4月にそれぞれ開業をみたものである。また、吹田は吹田（旧称東吹田）と市役所前（旧称西吹田）が、関大前は花壇町（旧称花壇前）と大学前が、それぞれ39年4月に統合されてできた新駅である。それゆえ北大阪電気鉄道創業以来の駅は豊津と千里山の2駅にすぎない。これらの6駅のうち、より多くの乗客を扱っているのは関西大学の最寄駅である関大前、および千里ニュータウンに関連する北千里、南千里である。市域外であるが下新庄駅（大阪市東淀川区）も、一部の吹田市民とのかかわりが大きい。

なお、南千里と北千里の間にある山田駅は、万国博覧会後の48年11月に開業した新駅である。

阪急京都線と吹田

阪急電鉄の路線は、千里線のほかに京都線も、市域の東南部をかすめて北東～南西走している。

摂津市との境界線上にある正雀駅は、駅務室が摂津市にあるため厳密には吹田市に所属しないが、吹田市との関連の深さは否定すべくもない。また市域外の駅ではあるが、南高浜町や東御旅町などから近い相川駅や上新庄駅（ともに大阪市東淀川区）についても同様である。特に相川駅は、昭和3年の京都線（当時は新京阪鉄道本線）の開業時には「吹田町」駅と名付けられ、京阪電鉄が新京阪鉄道を吸収してのち、昭和15年6月からは「京阪吹田」、さらに京阪神急行電鉄として統合をみた昭和18年から29年までは「吹田東口」と呼ばれていた。相川駅と吹田との関連の深さを歴史的にも物語る1つの証拠である。

千里線を走る710系6両編成。先頭の710形717は1953年登場の2次車で最初から2ドア・ロングシート。1968年に3ドア化。
◎万国博西口
1970（昭和45）年3月18日
撮影：荻原俊夫

1969年11月10日 から1970年 9
月14日まで開設された万国博西口
駅。
◎万国博西口
1970（昭和45）年 3 月18日
撮影：荻原俊夫

仮設ホームの万国博西口ですれ
違う大阪市営地下鉄60系と阪急
3300系。混雑に備えてホーム幅が
広い。
◎万国博西口
1970（昭和45）年 3 月18日
撮影：荻原俊夫

名車100系も千里線で運行され万
博輸送に活躍した。100系は最終
的には最大 7 両編成で運行された。
2 両目は1949年に 5 両投入された
100系の付随車550形（翌1950年
に1550形となる）。同時期登場の
710系とよく似た車体だが、ファ
ンの間では100系の編成美を損ね
ていると不評だった。
◎万国博西口
1970（昭和45）年 3 月18日
撮影：荻原俊夫

701系の梅田〜北千里間「万博準急」、万博の
マークの入った特製ヘッドマーク付き。
◎万国博西口
1970（昭和45）年3月18日
撮影：荻原俊夫

宝塚線用2100系6両編成も千里線に入線した。2100系は
1962年、宝塚線の線路条件にあわせて登場した車両で車
体は神戸線2000系と同じである。
◎万国博西口
1970（昭和45）年3月18日
撮影：荻原俊夫

千里線を走る大阪市営地下鉄60
系。大阪市60系も万博輸送に活躍
した。
◎万国博西口
1970（昭和45）年3月18日
撮影：荻原俊夫

北千里駅

【所在地】大阪府吹田市古江台4-2D-1-101
【開業】1967（昭和42）年3月1日
【キロ程】13.6km（天神橋筋六丁目起点）　【ホーム】2面2線
【乗降人員】19,452人（2021年度）

千里線の終着駅である北千里駅は、吹田市で最も北に位置しており、千里ニュータウンの北の玄関駅となっている。ここから先の箕面市方面へ延伸する計画もあったが、現在では計画は中止されている。駅の所在地は吹田市古江台4丁目、駅の構造は相対式2面2線の高架駅である。終着駅特有の頭端式でないのは、延伸計画があったためである。北千里駅は1967（昭和42）年3月、南千里～北千里間の延伸により開業している。

お隣の山田駅が、万国博記念公園の最寄り駅であるのに対して、この北千里駅は大阪大学吹田キャンパス、大阪大学（阪大）医学部附属病院の最寄り駅となっている。大阪市内にあった大阪大学は1960年代後半から吹田地区に移転を開始し、1970（昭和45）年に工学部の移転が完了した。その後、多くの学部がこの吹田キャンパスと豊中キャンパスに移転し、本部も吹田キャンパスの中央部（山田丘1番1号）に置いている。

この阪大吹田キャンパスには、1993（平成5）年に阪大病院も移転してきた。阪大病院は江戸時代の1838（天保9）年、緒方洪庵が開いた適塾がルーツとなっており、大阪公立病院、府立大阪医科大学病院などをへて、1931（昭和6）年に大阪帝国大学医学部附属病院になり、戦後に大阪大学医学部附属病院となった。その後、歯学部付属病院が独立し、現在は吹田キャンパスの西側に歯学部付属病院、東側に医学部附属病院が置かれている。また、戦前から、豊中市の待兼山に石橋分院が存在していたが、現在は文学部、理学部などがある阪大豊中キャンパスになっている。なお、医学部附属病院にはキャンパスの東側を走る大阪モノレールの阪大病院前駅を利用するのが便利である。

北千里駅の駅前には、ロータリーを囲むように複合商業施設「dios北千里」が存在している。ここにはイオン北千里店や飲食店、専門店などがあり、カルチャースクールなども入居している。この南側には吹田市立中央図書館分室も存在している。また、北側には吹田市立青山台中学校もある。

開業当初から、この先に誕生した粟生団地などの住民のために、箕面市方面に延伸する計画が存在した。これは千里山延長線と呼ばれ、一部の用地も確保されて箕面線の桜井駅と結ばれるはずだった。しかし、北大阪急行電鉄の開通などが影響し、1972（昭和47）年に計画は中止されている。また、1967（昭和42）年の開業時には、この駅に設置された自動改札機が大いに話題となった。立石電機（オムロン）が開発したもので、当初は磁気券方式（普通乗車券）パンチカード方式（定期券）に分かれていたが、その後に磁気券方式に統一されている。現在、改札口付近にはアメリカ電気電子学会から認定されたIEEEマイルストーンの銘板が設置されている。

この駅の北東には千里北公園がある。ここのランドマークとしては、高さ17メートルの時計塔「銀の鳥」が設置されており、1日5回、鳥の声で時刻を告げている。また、モニュメント「風の道」、石碑「丘の上に来て」、北千里市民プール、北千里市民体育館、鴨などの水鳥が見られる水遠池も存在している。

北千里で折り返す100系。千里線では2300系、700系、710系、1300系、大阪市60系とともに100系も運行された。
◎北千里　1972（昭和47）年

北千里駅周辺

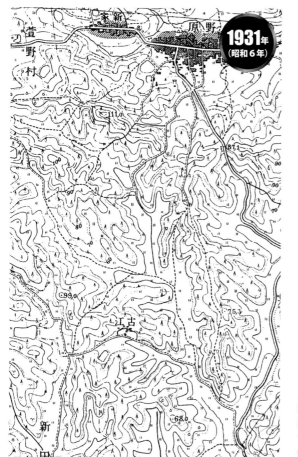

1931年 (昭和6年)

1970年 (昭和45年)

戦前の地図では、北側に萱野村、南側に新田村の文字が見えている。この萱野村は1948 (昭和23) 年に箕面町 (現・箕面市) に編入されている。一方、南側で南北に大きく広がっていた新田村は1953 (昭和28) 年に分割されて、大字の下新田地区が吹田市、上新田地区が豊中市に編入された。吹田市の地名は、千里ニュータウンの開発で多くが変化している中で、「新田」の地名は千里山駅北西 (吹田市春日4丁目) の千里新田小学校などに残っている。北千里駅は1967 (昭和42) 年に開業した阪急千里線の終着駅であり、新しく開発された千里ニュータウンの北側の玄関口となってきた。駅の周辺には藤白台、青山台、古江台といった新しい街が広がっている。駅の西側には新御堂筋 (国道423号) が通っており、中国自動車道と交差する付近には、北大阪急行電鉄南北線と大阪モノレール線の千里中央駅が置かれている。

1967年3月1日開設の北千里駅西口。開通と同時にわが国初の自動改札機が設置された。
◎北千里
1967 (昭和42) 年9月10日
撮影：荻原二郎

1967年3月1日、千里線南千里（旧・新千里山）〜北千里間延長に伴い開設。千里ニュータウンの北の玄関口。当時の「ニューファミリー」が画面に写っている。
◎北千里
1967（昭和42）年9月10日
撮影：荻原二郎

710系6両編成の千里線梅田行。先頭の716は1952年登場の2次車で2ドア・ロングシートだったが1968年に3ドア化された。
◎南千里〜北千里
1969（昭和44）年
撮影：野口昭雄

トップナンバー100形101先頭の天神橋行。2両目は付随車1550形。
◎北千里〜南千里
1969（昭和44）年4月
撮影：小川峯生

北千里で折り返す100形114先頭
の天神橋行。2両目は戦後に投入
された付随車1550形。
◎北千里
1967（昭和42）年9月10日
撮影：荻原二郎

高架駅の北千里に到着する1600系
6両編成。1600系は1957〜60
年に旧形車（100系）の主要機器を
流用してMcTc 6編成12両が登
場。登場時は2ドア、ロングシー
トだったが、1968〜72年に3ド
ア化された。先頭の制御車1652は
後に中間車（T車）化された。
◎北千里
1967（昭和42）年9月10日
撮影：荻原二郎

千里線を走る2300系。2300
系は梅田方先頭の制御電動車
2300形にパンタグラフを2台
搭載していた。3両目の中間
電動車2330形にはパンタグラ
フを搭載していない。
◎北千里〜南千里
1969（昭和44）年4月
撮影：小川峯生

上桂駅

【所在地】京都府京都市西京区上桂宮ノ後町33-2
【開業】1928（昭和3）年11月9日
【キロ程】1.4km（桂起点）　【ホーム】2面2線
【乗降人員】6,122人（2021年度）

1928（昭和3）年11月、新京阪鉄道の嵐山線の開通時に開業した上桂。相対式ホーム2面2線の地上駅で、小ぶりな駅舎は上り線（桂方面）に置かれている。2017（平成29）年3月、下り線（嵐山方面）にも改札口が新設された。両線のホームは地下道で結ばれている。駅の所在地は京都市西京区上桂宮ノ後町である。

この駅から少し離れた南側では、国道9号（山陰道）が嵐山線の下を通っている。一方、南東からやってきた京都府道123号水垂上桂線は、このあたりでは真っすぐ東西に延びて、上桂駅の北側を通ってゆく。この西側、松尾山から松室山にかけての西山の麓には、多くの寺社が存在している。

その中で最も知られているのが、ユネスコ世界遺産の「古都京都の文化財」として登録されている西芳寺。一般的には苔寺として有名なここは、臨済宗系の単立寺院で、奈良時代の731（天平3）年、もともとは聖徳太子の別荘があった場所に、第31代聖武天皇の勅願で、僧の行基が創建したと伝えられている。当初は法相宗で、後に法然により浄土宗に変わったが、荒廃した後の1339（暦応2）年に再興され、夢窓疎石により臨済宗の寺院となった。この寺の名を高めているのは、2つの庭園の存在である。作庭の名手だった夢窓疎石による上段の枯山水の庭園は、1339（暦応2）年に築かれた日本最古のものといわれる。もうひとつは、下段の池泉回遊式庭園で、江戸時代末期に一面が苔に覆われた美しい庭になったとされる。また、境内にある茶室「湘南亭」は、夢窓疎石の時代からあったものを、江戸時代に茶人の千少庵が再興したもの。幕末には岩倉具視がかくまわれていた場所でもあり、国の重要文化財に指定されている。

また、苔寺の北側にある鈴虫寺は臨済宗の寺院で、正式な名称は妙徳山華厳寺であり、1723（享保8）年に学僧として知られる鳳潭により創建された。当初は華厳宗で、1868（慶応4）年に臨済宗に改められた。四季を通じて、鈴虫を飼育していることから有名になり、鈴虫説法が女性を中心に人気を集めている。本尊は大日如来で、幸福地蔵があることでも知られている。この北、松尾大社に向かう道筋には、松尾七社のひとつ、月読神社が鎮座している。祭神は月読尊で、古い歴史をもつ神社であるが、現在は松尾大社の摂社となっている。

駅の西側を走る物集女（嵯峨）街道沿いの上桂森上町には、西京区役所が置かれている。1976（昭和51）年に右京区から西京区が分離して、ここに区役所が置かれたが、現在の庁舎の西側において新たな総合庁舎の建築計画が進められている。

100系は1927～29年に登場した新京阪鉄道デイ100形、制御車フイ500形で部内ではP-6と呼ばれ、後にファンの間にも広がった。嵐山線上桂に停車中。◎上桂　1966（昭和41）年9月11日　撮影：西原博

上桂駅周辺

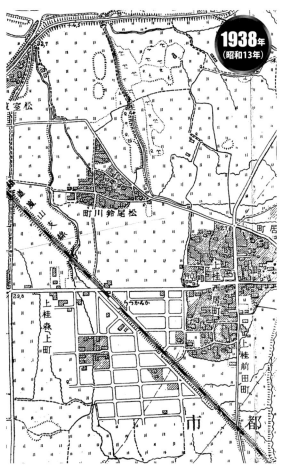

1938年
（昭和13年）

1951年
（昭和26年）

新京阪鉄道（現・阪急嵐山線）が開通しても、沿線には集落が少なく、農地が広がっていた上桂駅周辺は、戦後になっても住宅地の開発は遅れていた。この1955（昭和30）年の地図においても、家屋の数は戦前からほとんど増加していない。その中で、駅の南西には京都市立上桂中学校が誕生している。この学校は戦前からあった京都府立第五中学校（現・桂高校）の併設校として、戦後の1947（昭和22）年に開校し、1958（昭和33）年に京都市立桂中学校に改称している。その後、周辺地域の人口増加に対応する形で、西・東・北の分校がそれぞれ、樫原中学校、桂川中学校、松尾中学校として独立している。この学校の西側を南北に走る道路が、物集女街道（京都府道29号）である。大阪・高槻付近から北上に延び、向日町を経由して嵐山付近まで続いている。上桂駅から先は嵐山線に沿うような形で北に向かっている。

嵐山線で運行されていた3ドア化された710系4両編成。上桂駅は対向式2面2線の交換駅。
◎上桂　1978（昭和53）年　撮影：野口昭雄

晩年は嵐山線で運行された流線形200系（201＋制御車251）。嵐山線は1928年11月9日開業。複線だったが戦時中に単線化され今に至るも単線である。
◎上桂　1966（昭和41）年9月11日　撮影：西原博

松尾大社駅

【所在地】京都府京都市西京区嵐山宮ノ前町49
【開業】1928（昭和3）年11月9日（松尾神社前→松尾→松尾大社）
【キロ程】2.8km（桂起点）　【ホーム】2面2線
【乗降人員】3,582人（2021年度）

　嵐山線の中間駅のひとつ、松尾大社駅は西京区嵐山宮ノ前町に置かれている。地名や駅名でわかる通り、酒の神様として知られる松尾大社に近い場所にあり、東側を流れる桂川には松尾橋が架けられている。

　東から延びる四条通（四条街道）における西の終着点が松尾大社であり、松尾橋を渡ると駅はすぐそこにある。1928（昭和3）年11月、松尾神社前駅として開業。開業当時、周辺にはほとんど人家が存在せず、参拝客の利用を目的として設置された。この駅は、阪急で最後となった手動発券駅で、1979（昭和54）年まで、駅員がきっぷを発売していた。駅舎の改札口は長らく嵐山方面のみであったが、2017（平成29）年に桂方面にも新たに設置された。戦後の松尾駅をへて、2013（平成25）年12月、現在の「松尾大社」に駅名を改称している。

　松尾大社は「まつおのたいしゃ」が正式名称だが、駅名には「まつおたいしゃ」が採用されている。創建は701（大宝元）年で、帰化人の中でも有名な秦氏の氏神である。本殿は鎌倉時代の1397（応永4）年に建立された後に焼失し、現在の本殿は室町時代の1397（応永4）年の再建であり、松尾造という独特の様式で国の重要文化財に指定されている。酒の神として名高く、境内の神輿庫には全国各地の酒蔵から寄進された酒樽が並んでいる。

　桂川に架かる松尾橋を渡ると、そこは右京区の梅津地区。ここに鎮座する梅宮大社は、創建は平安時代前期であるが、もともとは現在の京都府井手町付近にあり、創祀は奈良時代と伝承されている。「源平藤橘」の四姓のひとつ、橘氏の氏寺として知られ、第52代嵯峨天皇の皇后で、第54代仁明天皇の母となった橘嘉智子ゆかりの寺である。この神社も酒の神様として崇敬を集めている。

　このあたりは旧梅津村で、かつては桂川の豊富な水を利用した工場が存在していた。そのひとつが松尾橋南東にあったパピール・ファブリックである。1872（明治5）年に創業したパピール・ファブリックは、京都府営の製紙会社であり、日本における製紙（洋紙）の黎明期に存在した企業のひとつである。社名はドイツ語の製紙会社の意味で、ドイツ人が関わっていたものの、外国資本は入っていなかった。会社はその後、磯野製紙場、梅津製紙会社、富士製紙会社京都工場、王子製紙京都

工場と変遷し、最後は日本加工製紙京都工場となって、1971（昭和46）年まで存続していた。工場の跡地には現在、マンションなどが建設されている。梅津には現在、三菱自動車京都工場、高崎電機工業梅津工場、西村衛生ボーロ本舗梅津工場などが存在している。

松尾大社の拝殿は檜皮葺、入母屋造で建てられている。

松尾大社の本殿と中門・回廊。右手奥の本殿は国の重要文化財となっている。

京都市右京区梅津フケノ川町に鎮座している梅宮大社。

松尾大社駅周辺

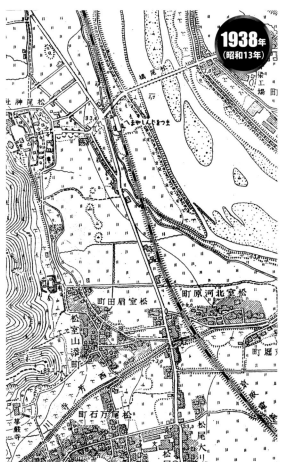

1938年
（昭和13年）

1951年
（昭和26年）

標高276メートルの松尾山と桂川（大堰川）に挟まれた狭い場所を、阪急嵐山線は北上してゆく。開業時の新京阪鉄道時代は松尾大社前駅だったが、1948（昭和23）年に松尾駅に改称。2013（平成25）年に現在のような「松尾大社」の駅名となった。駅の西側に鎮座する、酒の神様として有名な松尾大社が駅名の由来となっている。戦前の地図には、東側を流れる桂川に松尾橋が架けられており、対岸には東洋洗工場が見えるが、戦後の地図には金属化学工場に変わっている。京都市内を東西に走る四条通は、正式には京都市道186号祇園嵐山線と呼ばれており、東山区の祇園石段下交差点から西京区の松尾大社交差点までの道路である。松尾橋は簡易な木橋だった時代を経て、1953（昭和28）年に現在の橋が誕生。1971（昭和46）年に拡幅されている。駅の西側には物集女街道（京都府道29号）が走っている。

相対式ホーム2面2線の松尾大社駅は、ホーム間は地下道で結ばれている。

嵐山駅

【所在地】京都府京都市西京区嵐山東一川町7
【開業】1928（昭和3）年11月9日
【キロ程】4.1km（桂起点）　【ホーム】3面2線
【乗降人員】5,150人（2021年度）

京都を代表する観光地である嵐山には、3本の鉄道が通り、4つの嵐山駅が存在している。そのうち、大堰川（桂川）にかかる渡月橋の南側にある唯一の駅が、阪急京都線の嵐山駅である。3つの路線の中では、現・阪急が最も遅く路線を開いており、1928（昭和3）年11月、新京阪鉄道の嵐山線が開通した際に嵐山駅を開業している。当初の嵐山線は複線であったが、太平洋戦争中の1944（昭和19）年に単線化されて、現在も単線での運行となっている。

渡月橋の南西、桂川に近い場所に置かれている嵐山駅の所在地は、西京区嵐山東一川町となっている。新京阪鉄道は、桂駅からこの川に沿って路線を北に延ばし、中間駅2つ（上桂、現・松尾大社）と終着駅の嵐山駅を置いた。当初の駅の構造は6面5線の地上駅で、そのうち3面2線が現在も使用されている。廃止された北東の3面のうち、2面のホームは現存し、木々が植えられている。創業以来、長く使用されていた駅舎は、2010（平成22）年4月に京町家風にリニューアルされて、10月には駅前広場も石畳風に整備された。

嵐山は京都の西にそびえる標高382メートルの山だが、その麓に広がる地は、ここを流れる大堰川（保津川、桂川）とともに、京都ばかりか日本を代表する景勝地として、国際的にも広く知られている。亀岡方面から流れ来る保津川は、このあたりでは大堰川と呼ばれ、平安貴族たちが舟遊びを楽しんだ場所であり、やがては桂川となって淀川に注いで大阪湾に至っている。江戸時代初期に角倉了以・素庵の親子が開削を行って生まれた保津川下りは、現在も観光客に人気がある川下りである。また、山陰本線の旧線を利用した嵯峨野観光鉄道のトロッコ列車も人気の観光鉄道となっている。

嵐山には天龍寺、大覚寺、清凉寺、祇王寺、常寂光寺、あだし野念仏寺のほか、落柿舎、小督塚など、日本および外国からの観光客を引き寄せるスポットがあまた存在している。観光シーズンにおいては、渡月橋を渡る観光客の姿、数が話題となり、その多さが嵐山および京都の賑わいを示唆してくれる。

ここでは、ほか2つの鉄道路線と3つの駅について記しておきたい。

まずは、京都と山陰地方を結ぶ鉄道の大動脈であるJR山陰本線である。山陰本線の京都側の路線は、京都鉄道が建設したもので、1897（明治30）年2月にまず、二条〜嵯峨間を開通した。同年11月には京都駅まで延伸し、官営鉄道（東海道本線）と結ばれた。丹波側では、1899（明治32）年に嵯峨〜園部間が延伸している。1907（明治40）年に国有化され、山陰本線の一部となった。現在、この京都〜園部間は、嵯峨野線の愛称で呼ばれているが、1989（平成元）3月、嵯峨〜馬堀間が新線に切り替えられ、翌年（1990年）3月にようやく京都〜園部間が電化された。その次の年（1991年）の4月、旧線を利用した嵯峨野観光鉄道嵯峨野観光線が開業し、トロッコ嵯峨〜トロッコ亀岡間を結ぶトロッコ列車が運行されるようになった。こうした歴史の中、1897（明治30）年に開業した嵯峨駅は、1994（平成6）年9月に嵯峨嵐山駅に改称し、嵐山を訪れる人々を迎え入れる玄関口となっている。また、この駅に隣接するトロッコ嵯峨駅の隣駅がトロッコ嵐山駅であり、1991（平成3）年4月に開業している。

3本目の鉄道は現在、京福電鉄嵐山本線（嵐電）となっている四条大宮〜嵐山間の路線。この嵐山電車軌道の終着駅（停留場）として、1910（明治43）年3月に開業したのが嵐山駅である。こちらは、京都市内から嵐山方面に来る観光客を運ぶほか、京都市西部を走る路面電車として、地元住民の足となってきた。かつては嵐山駅から先に行く愛宕山鉄道が存在し、嵐山〜清滝間の平坦線と清滝川〜愛宕間のケーブルカーを運行していたが、太平洋戦争下の1944（昭和19）年に廃止された。京福電鉄の嵐山駅は、「嵐電」として親しまれてきた路線の愛称を付けて、嵐電嵐山駅と呼ばれることが多い。なお、嵐電において、JR山陰本線の嵯峨嵐山駅に最も近いのは嵐電嵯峨駅である。

嵐山を訪れる観光客のために広い駅前広場が確保されている阪急の嵐山駅。

嵐山駅周辺

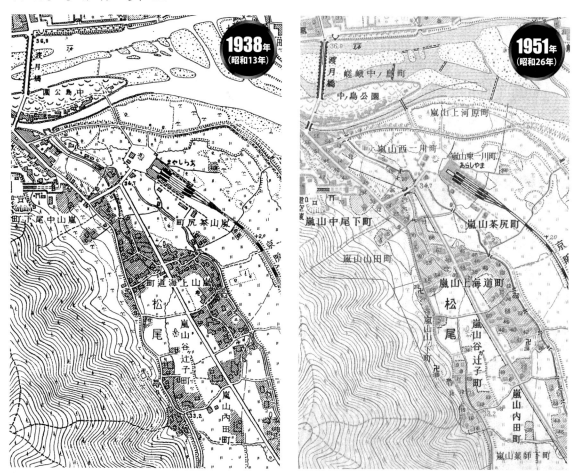

名刹、天龍寺があり、京福電鉄嵐山本線（嵐電）の嵐山駅やJR山陰本線（嵯峨野線）の嵯峨嵐山駅などがある嵐山地図の中心部から、桂川（大堰川）に架かった渡月橋を渡った南側に置かれている、阪急嵐山線の嵐山駅付近の地図である。嵐山の中心部から離れているため、戦前にはまだ周囲に農地も多く残っていた。この当時から、駅前にはかなり広いスペース（広場）が存在したこともわかる。駅の北側、桂川に架かり、天下の名橋として有名な渡月橋は、836（承和3）年の僧の道昌が架橋したといわれ、当時は現在よりも上流に位置していた。古い時代の木橋は、何度も流失しては架け替えられて、現在の橋は1934（昭和9）年に架橋された鉄骨鉄筋コンクリート桁橋である。正確には桂川左岸（北側）と中洲（中之島公園）と結ぶ橋であり、中洲（中之島公園）と阪急駅のある桂川右岸を結ぶ橋は、渡月小橋と呼ばれている。

秋の休日、行楽客でにぎわう阪急嵐山駅。1928年11月9日に開設。駅舎は2010年10月にリニューアル。
◎嵐山
1977（昭和52）年11月23日
撮影：荻原二郎

山田 亮（やまだ あきら）

1953年生、慶応義塾大学法学部卒、慶応義塾大学鉄道研究会OB、鉄研三田会会員、元地方公務員、鉄道研究家で特に鉄道と社会の関わりに関心を持つ。

1981年「日中鉄道友好訪中団」（竹島紀元団長）に参加し、北京および中国東北地区（旧満州）を訪問。

1982年、フランス、スイス、西ドイツ（当時）を「ユーレイルパス」で鉄道旅行。車窓から見た東西ドイツの国境に強い衝撃をうける。

2001年、三岐鉄道（三重県）70周年記念コンクール「ルポ（訪問記）部門」で最優秀賞を受賞。

現在、日本国内および海外の鉄道乗り歩きを行う一方で、「鉄道ピクトリアル」などの鉄道情報誌に鉄道史や列車運転史の研究成果を発表している。本書では阪急京都線の歴史、鉄道写真の解説等を担当。

生田 誠（いくた まこと）

1957年、京都市東山区生まれ。実家は三代続いた京料理店。副業として切手商を営んでいた父の影響を受け、小さい頃より切手、切符、展覧会チケットなどの収集を行う。京都市立堀川高校を卒業して上京し、東京大学文学部美術史専修課程で西洋美術史を学んだ。産経新聞文化部記者を早期退職し、現在は絵葉書・地域史研究家として執筆活動などを行っている。著書は「ロスト・モダン・トウキョウ」（集英社）、「モダンガール大図鑑　大正・昭和のおしゃれ女子」（河出書房新社）、「2005日本絵葉書カタログ」（里文出版）、「日本の美術絵はがき　1900-1935」（淡交社）、「東京古地図散歩【山手線】」（フォト・パブリッシング）ほか多数。
本書では駅周辺の解説、地図・絵葉書等の解説を担当。

【写真撮影】

小川峯生、荻原二郎、荻原俊夫、中西進一郎、西原 博、野口昭雄、林 嶬、安田就視、山田 亮、山田 進、山田虎雄、朝日新聞社

【写真提供】

茨木市立文化財資料館、島本町、摂津市、高槻市、PIXTA

【沿線案内図、絵葉書提供・文】

生田 誠

【執筆協力】

碓井直輝

大阪市営地下鉄（現・大阪メトロ）堺筋線を走る阪急3300系の北千里行。1969年12月6日、阪急北千里、高槻市と堺筋線動物園前間の直通運転が開始され、1993年3月4日、乗入れ区間が天下茶屋まで延伸され、南海電車と接続するようになった。
◎堺筋本町　1970（昭和45）年2月6日　撮影：小川峯生

昭和〜平成
阪急京都線、千里線、嵐山線
沿線アルバム

発行日……………………2023年7月12日　第1刷　※定価はカバーに表示してあります。

著者………………………山田 亮、生田 誠

発行者……………………春日俊一

発行所……………………株式会社アルファベータブックス

　　　　　　　　　　　〒102-0072　東京都千代田区飯田橋 2-14-5 定谷ビル

　　　　　　　　　　　TEL. 03-3239-1850　FAX.03-3239-1851

　　　　　　　　　　　https://alphabetabooks.com/

編集協力…………………株式会社フォト・パブリッシング

デザイン・DTP ………柏倉栄治

印刷・製本………………モリモト印刷株式会社

ISBN978-4-86598-896-3　C0026